Nina Wilkening

Kinder ohne Deutschkenntnisse in der Kita eingewöhnen

Praxishilfen | Vorlagen | Checklisten

Verlag an der Ruhr

Impressum

Titel

Kinder ohne Deutschkenntnisse in der Kita eingewöhnen
Praxishilfen, Vorlagen und Checklisten

Autorin

Nina Wilkening

Titelbildmotiv

© Robert Kneschke – Fotolia.com (Illustration Kinder - auch Rahmenelement)
© michaeljung – Fotolia.com (Mutter, Kind)

Übersetzungen

A.C.T. Fachübersetzungen GmbH (S. 25-32, 39-46)

Druck

Media Print Informationstechnologie GmbH, Paderborn, DE

Verlag an der Ruhr
Mülheim an der Ruhr
www.verlagruhr.de

Geeignet für Kinder von 3–6 Jahren

ISBN 978-3-8346-3672-0

Inhaltsverzeichnis

Kapitel 4: Tipps zur Integration 57

Kapitel 5: Tipps für die Sprachförderung............71

Vorwort

In den Kitas treffen **Kinder mit unterschiedlichsten kulturellen Hintergründen** aufeinander. Hier gibt es:

1.) Kinder, die einen deutschen Pass haben und Deutsch als Muttersprache und einzige Sprache sprechen
2.) Kinder, die einen deutschen Pass haben und zweisprachig aufwachsen, weil ein Elternteil nicht deutscher Herkunft ist
3.) Kinder, die einen deutschen Pass haben, aber in ihren Familien überwiegend die Herkunftssprache der Eltern oder Großeltern sprechen, Deutsch dagegen kaum. Hierzu zählen auch Kinder aus Aussiedlerfamilien.
4.) Kinder, die einen ausländischen Pass haben und z. B. als EU-Bürger nach Deutschland gezogen sind. Sie lernen Deutsch als Fremd- oder Zweitsprache.
5.) Kinder, die mit ihren Eltern nach Deutschland geflüchtet sind oder als Kinder von Flüchtlingen in Deutschland geboren sind. Sie sprechen Deutsch nicht als Muttersprache, haben keinen deutschen Pass und ihre Familien müssen unter Umständen mit einer Abschiebung rechnen.

Die Kinder aus den Gruppen 3–5 und Teile aus der Gruppe 2 verbindet, dass sie Deutsch nicht als Muttersprache sprechen. Ob sie Deutsch vor dem Eintritt in die Kita bereits gut, kaum oder gar nicht gelernt haben, hängt von den **individuellen Umständen der Familien** ab.
Neben den sprachlichen Barrieren sind auch kulturelle Unterschiede vorhanden, die zu **Schwierigkeiten in der Kommunikation** zwischen Erzieherinnen[1] und Eltern führen können. Das vorliegende Buch will Informationen, Hilfestellungen und Anregungen bieten, damit Sie als Erzieherin in der Kindertagesstätte der **Herausforderung**, ausländische Kinder und/oder Kinder ohne Deutschkenntnisse zu **integrieren**, besser begegnen können.

Um Ihnen die Arbeit zu erleichtern, finden Sie Kopiervorlagen zum **sofortigen Einsatz**, z. T. auch in unterschiedlichen Sprachen. Bei der Sprachauswahl habe ich versucht, die Gruppe der Migranten ohne Fluchterfahrung und die Gruppe der Flüchtlinge gleichermaßen zu berücksichtigen. So finden Sie Kopiervorlagen in Albanisch, Arabisch, Farsi oder Dari für Flüchtlingsfamilien und Kopiervorlagen in Russisch, Türkisch und Polnisch für Migrantenfamilien ohne Fluchterfahrungen. Darüber hinaus stehen auch Kopiervorlagen in Französisch und Englisch bereit, um die Einsatzmöglichkeiten zu erhöhen und Kinder aus außereuropäischen Ländern, in denen zumindest Englisch und Französisch gesprochen wird, mit einzubeziehen. Auch Eltern, die Englisch oder Französisch als Fremdsprache gelernt haben, lassen sich so ansprechen.
Sie finden hier in fünf Kapiteln **62 Tipps** für die Themenbereiche:

- Organisatorischer Rahmen
- Der erste Tag und die ersten Wochen
- Elternarbeit
- Integration
- Sprachförderung

Ich wünsche Ihnen viel Freude bei der Arbeit mit den Kindern und Eltern.

Nina Wilkening

Grundsätzliches zum Thema[2]

Deutschland ist ein Migrationsland

Deutschland war schon immer ein Migrationsland, in das Menschen eingewandert, aber aus dem ebenso auch viele Menschen ausgewandert sind. Die Zahl der Einwanderer überstieg nach dem Zweiten Weltkrieg erstmals die Zahl der Auswanderer. Eine deutliche Schieflage ist zu verzeichnen, wenn man die Gefühle der Menschen in Deutschland zur **aktuellen Situation** mit den konkreten Zahlen vergleicht. So kamen im Jahr 2015 insgesamt 2,14 Millionen Menschen nach Deutschland. Der Großteil (58 %) aller Migranten bestand aber **nicht aus Flüchtlingen** aus Syrien oder Afghanistan, sondern aus **EU-Bürgern** oder Menschen mit der Staatsangehörigkeit eines anderen europäischen Staates. Im 1. Halbjahr 2017 kam über die Hälfte der ca. 560.000 Zugezogenen aus EU-Ländern.
Die Tatsache, dass Menschen mit anderer Nationalität auch wieder aus Deutschland auswandern, dürfte wenigen bekannt sein. Ein Blick auf die Zahlen der Zuzüge und Fortzüge würde manchen daher staunen lassen: Während beispielsweise 2015 213.000 Rumänen nach Deutschland kamen, zogen 127.000 wieder weg. Bei Bulgaren stehen 84.000 Zuzügen 46.000 Fortzüge gegenüber.[3]

Wie leben Kinder mit Migrationshintergrund in Deutschland?

Fast **ein Drittel** der Kinder und Jugendlichen in Deutschland hat einen **Migrationshintergrund**, über 70 % besitzen einen deutschen Pass. Der Anteil der Kinder mit Migrationshintergrund nimmt zu. Regional gibt es aber Unterschiede: Der Anteil der Kinder mit Migrationshintergrund ist in **westdeutschen Ballungszentren** besonders hoch.
Betrachtet man die Gruppe der Kita-Kinder, so fällt auf, dass die unter 3-Jährigen aus Migrantenfamilien weniger häufig Kitas besuchen (22 %, bei deutschen Kindern 38 %). Im Kindergartenalter ist der Unterschied nicht mehr so groß: 90 % aller Migrantenkinder und 97 % aller deutschen Kinder besuchen eine Kita. Studien zufolge hängt die Entscheidung darüber, ob eine Kita besucht wird oder nicht, allerdings nicht von der Nationalität, sondern vom Bildungsniveau ab. Je geringer der Bildungsabschluss ist, desto eher werden Kinder zu Hause betreut. Der **Bildungsgrad** der Eltern spielt auch eine Rolle bei den Bildungschancen der Kinder. Ein Drittel der Migrantenkinder lebt in Familien, die aufgrund von gering bezahlten Tätigkeiten oder Arbeitslosigkeit von **Armut** bedroht sind. Für diese Kinder sieht die Zukunft düster aus. Es besteht, so Studien, ein hohes Risiko, im Erwachsenenalter ebenfalls von Armut bedroht zu werden. Und dies sogar, wenn sie Abitur machen.[4]

Welche unterschiedlichen Hintergründe haben Migrantenkinder?

Wenn Migranteneltern ihr Kind in Ihrer Kita anmelden, mag es für Sie als Erzieherin vordergründig betrachtet egal sein, aus welchem Land das Kind kommt.
Ein **Blick hinter die Kulissen** lohnt sich aber, denn die Erlebnisse, die die Kinder hatten, bevor sie zu Ihnen in die Kita kommen, und die Identität der Familien bzw. deren **Einstellung zu Deutschland** unterscheiden sich teilweise erheblich voneinander.
Der Einfachheit halber möchte ich daher die große Gruppe der Einwandererkinder in vier Teile teilen und diese im Folgenden genauer beschreiben:

1. Kinder aus Aussiedler-Familien

Als Aussiedler werden Nachkommen von Deutschen bezeichnet, die vor Jahrhunderten nach Mittel- und Osteuropa und teilweise Zentralasien ausgewandert sind. Seit 1950 sind über 4,5 Million Aussiedler zurückgekehrt, der Großteil zwischen 1985 und 2004. Viele von ihnen haben Deutsch nicht als Muttersprache gelernt oder sprechen das Deutsch ihrer Vorfahren, das jahrhundertealt ist und dem heutigen Deutsch nicht entspricht. Auch wenn Deutschland daher für manche ein fremdes Land war und die Integration oft schwerfiel, haben Aussiedler einen entscheidenden Vorteil gegenüber anderen Migranten: Sie bekamen sofort einen deutschen Pass und hatten damit von Anfang an eine Daueraufenthaltsberechtigung.
Heute liegt das Armutsrisiko bei Aussiedlerfamilien zwar bei 25 %, 40 % verdienen jedoch mehr als das mittlere Einkommen.[5]

2. Kinder aus ehemaligen Gastarbeiter-Familien

Im Jahre 1955 wurde das deutsch-italienische Anwerbeabkommen geschlossen. Dies hatte zum Ziel, der hohen Arbeitslosigkeit in Italien zu begegnen und ausländische Arbeitskräfte in Deutschland, das einen Arbeitskräftemangel verzeichnete, unterzubringen. Von 1960–1968 wurden weitere Abkommen mit den Ländern Spanien, Griechenland, Türkei, Marokko, Südkorea, Portugal, Tunesien und Jugoslawien geschlossen. Infolge der Ölkrise und der damit verbundenen Wirtschaftsflaute ging der Bedarf an weiteren Arbeitskräften aus dem Ausland drastisch zurück und die Anwerbung wurde gestoppt. Viele Familien sind in Deutschland geblieben. Kinder, Enkelkinder und z. T. auch schon Urenkel der ehemaligen Gastarbeiter wurden in Deutschland geboren und wuchsen bzw. wachsen hier auf.[6]

Dem Datenreport 2016 zufolge haben türkischstämmige Menschen es am schwersten, in Deutschland Fuß zu fassen und werden vielfach nach wie vor als Gäste angesehen, deren Zuwanderung als zeitlich begrenzt eingestuft wird. Dieser „gefühlte" Gaststatus führt auf beiden Seiten dazu, dass keine Integration stattfindet. Manche Deutsche betrachten einen Beitrag türkischer Bürger zur deutschen Kultur kritisch oder ablehnend, manche Türken behalten ihrerseits den Gedanken im Hinterkopf, irgendwann einmal zurückzukehren und scheuen die Mühe der Integration. Laut Datenreport 2016 sind außerdem die türkischstämmigen Migranten am schlechtesten gebildet, mit einem teilweise erheblichen Rückstand gegenüber anderen Migranten. Weniger als 60 % erreichen einen Hauptschulabschluss.[7]

3. Kinder aus EU-Bürger Familien

Im Jahr 2004 verabschiedete der Europäische Rat in Brüssel mit der Freizügigkeitsrichtlinie, der Daueraufenthaltsrichtlinie und der Richtlinie zum Familienzusammenzug drei Gesetze, die es EU-Bürgern ermöglichen, sich in jedem Mitgliedsstaat der EU dauerhaft niederzulassen und dieselben Rechte zu genießen wie die dort lebende Bevölkerung. Das Gesetz geht davon aus, dass Menschen in ein anderes Land wechseln, um dort zu arbeiten. Eine Zuwanderung, um bessere Sozialleistungen wahrzunehmen, ist dabei nicht vorgesehen. Die Regelungen, welche Sozialleistungen EU-Bürger erhalten, sind sehr komplex und abhängig davon, ob sie berufstätig sind und ob mit den Herkunftsländern Fürsorgeabkommen geschlossen wurden. Keine oder lediglich Überbrückungsleistungen von einmalig bis zu einem Monat erhalten beispielsweise Menschen, die keine Arbeit suchen oder mehr als 6 Monate erfolglos gesucht haben. Voll leistungsberechtigt sind beispielsweise Unionsbürger, die länger als 5 Jahre als Berufstätige oder Selbstständige in Deutschland gelebt haben.
Seit 2007 steigt die Zahl der EU-Zuwanderer kontinuierlich. Im Jahr 2016 emigrierten 294.000 Menschen, sodass die Zahl der EU-Bürger in Deutschland ohne deutschen Pass Ende 2016 bei ca. 4,3 Mio. lag. Die Hauptherkunftsländer 2016 sind Rumänien, Polen, Bulgarien und Kroatien.
Kinder, die aus diesen Ländern nach Deutschland einreisen, haben normalerweise keine traumatisierenden Fluchterfahrungen hinter sich. Je nach Alter der Kinder sind sie in ihrem Heimatland bereits teilweise sozialisiert worden und haben dort in ähnlichen, wenn auch vielfach vermutlich einfacheren Verhältnissen als in Deutschland gelebt. Ihre Eltern sind in den allermeisten Fällen nach Deutschland gekommen, um hier zu arbeiten. Die Familien haben hier Wohnungen bezogen, ohne vorher – wie die Kinder aus Flüchtlingsfamilien – in Lagern und Sammelunterkünften untergebracht worden zu sein.
Die Familien müssen keinen Asylantrag stellen und, sofern ein Elternteil arbeitet, auch keine Ausweisung befürchten.[8]

4. Kinder aus Flüchtlingsfamilien

Ein gänzlich anderes, deutlich schwereres Schicksal haben Kinder aus Flüchtlingsfamilien, vor allem dann, wenn sie die Flucht bewusst miterlebt haben und sie oder andere Familienmitglieder unter den Folgen leiden. Im Jahr 2017 waren weltweit ca. 68,5 Millionen Menschen auf der Flucht – ein negativer Rekord! Schätzungen zufolge waren die Hälfte der Flüchtlinge Kinder und Jugendliche.
Wer als Flüchtling nach Deutschland kommt, wird von Polizei, Grenzpolizei oder Ausländerbehörde in die nächstgelegene Erstaufnahmeeinrichtung geschickt.
Dort findet eine Erstversorgung und Erfassung statt. Nach dem so genannten „Königssteiner Schlüssel" erfolgt die Weiterverteilung der Asylsuchenden auf die einzelnen

Bundesländer. Nordrhein-Westfalen, Bayern und Baden-Württemberg haben 2017 mit Abstand die meisten Asylsuchenden aufgenommen. In den Aufnahmeeinrichtungen stellen Asylsuchende dann beim Bundesamt für Migration und Flüchtlinge (BAMF) einen Erstantrag auf Asyl. Wird dieser abgelehnt oder zurückgezogen, gibt es die Möglichkeit, einen Folgeantrag zu stellen, jedoch nur dann, wenn sich in der Sach-, Beweis- oder Rechtslage etwas verändert hat.[9]

Im Jahre 2015 kamen ca. 890.000 Asylsuchende nach Deutschland. Im Jahr 2017 ist die Zahl deutlich gesunken: auf ca. 186.000. Der Rückgang der Zahlen kommt u. a. durch das EU-Türkei-Abkommen zustande, das bewirkt, dass für viele Flüchtlinge aus dem Nahen Osten in der Türkei die Reise zu Ende ist. Von den Flüchtlingen, die im Jahr 2017 nach Deutschland kamen, sind 25 % aus Syrien, 8,7 % aus Afghanistan und 11 % aus dem Irak. Von den Asylbeantragenden erhielten 20,5 % nach der Genfer Flüchtlingskonvention Schutz, weitere 16,3 % subsidiären Schutz, was ihnen ein vorläufiges Bleiberecht zugesteht.[10]

Übersicht über verschiedene Herkunftssprachen

Hier finden Sie eine Übersicht über einige Sprachen. Mein Anliegen ist es, Ihnen Informationen darüber zu geben:

- wie viele Menschen diese Sprache sprechen
- wo die Sprache gesprochen wird
- wie die Sprache aufgebaut ist

So sollen Sie einen minimalen Einblick in die Sprachen bekommen, um eventuell auftretende Sprachfehler von Eltern und Kindern besser verstehen zu können.

Sprache[11]	Verbreitungsgebiet	Kurzinformationen
Albanisch	Republik Albanien, Kosovo, Mazedonien, als Minderheitensprache in den anderen Staaten, die früher zu Jugoslawien gehörten, auch in Süditalien, Griechenland, Türkei	• Anzahl der Erstsprachler: 6,5 Millionen Menschen • indoeuropäische Sprache • Übereinstimmungen mit rumänischen Wörtern • Lehnwörter aus dem Lateinischen, romanischen Sprachen, dem Griechischen, dem Türkischen, slawischen Sprachen
Arabisch	Nordafrika, Ägypten, Levante, Irak, Zentralarabien	• Anzahl der Erstsprachler: ca. 206 Millionen[12] • Arabisch gehört wegen seiner Verbreitung und Bedeutung zu den großen Weltsprachen. • afroasiatische Sprache • Hocharabisch wird in der Schule gelernt, im Alltag werden Regionaldialekte gesprochen. • Die Regionalsprachen unterscheiden sich voneinander und vom Hocharabisch. Überregional wird am besten ägyptisches Arabisch verstanden. • Es wird von rechts nach links geschrieben und gelesen.
Persisch: Farsi und Dari	Farsi: Iran Dari: Afghanistan	• Anzahl der Erstsprachler: 30–40 Millionen • Farsi und Dari sind Hauptvarianten des Neupersischen, die große Ähnlichkeiten aufweisen, aber sich im Wortschatz, in Lauten und Grammatik unterscheiden.
Polnisch[13]	Polen (Amtssprache), Tschechien, Slowakei, Rumänien, Ukraine (anerkannte Minderheitensprache)	• Anzahl der Erstsprachler: ca. 38 Millionen • ca. 15–18 Millionen Polen und Menschen polnischer Abstammung leben außerhalb Polens • Polnisch wird – wie Deutsch – mit den Buchstaben des lateinischen Alphabetes geschrieben. Einige Buchstaben werden dort aber anders ausgesprochen als bei uns, z. B. c, r, s, y, z. • Während im Deutschen Doppelkonsonanten z. T. als ein Laut gesprochen werden („Mann"), werden sie im Polnischen getrennt gesprochen (wie bei „Wan-ne").

Sprache	Verbreitungsgebiet	Kurzinformationen
Polnisch (Fortsetzung)	Deutschland, USA, Brasilien, Frankreich, Großbritannien, Kanada, Weißrussland, Argentinien, Russland, Tschechien, Kasachstan (als Emigrantensprache)	◗ Einige Buchstabenkombinationen im Polnischen werden im Deutschen durch andere Buchstaben wiedergegeben oder haben keine Entsprechung (z. B. Polnisch „cz" entspricht dem Deutschen „tsch", „sz" im Polnischen entspricht dem Deutschen „sch").
Russisch[14]	Russland, Weißrussland, Kasachstan, Krim (Amtssprache), Länder der ehemaligen Sowjetunion (Zweitsprache), USA, Israel, Deutschland, Westeuropa (Emigrantensprache)	◗ Anzahl der Erstsprachler: ca. 150 Millionen ◗ Russland hat rund 143 Millionen Einwohner (Stand 2016).[15] ◗ Es gibt die Dialekte Nordrussisch, Mittelrussisch (z. B. in Moskau) und Südrussisch. ◗ Russisch wird in kyrillischer Schrift geschrieben. ◗ Im Russischen gibt es keine Artikel.
Türkisch[16]	Türkei (Amtssprache), Zypern, Balkan, Zentralasien, Naher Osten (Minderheitensprache), Westeuropa (Migrantensprache)	◗ Anzahl der Erstsprachler: ca. 63 Millionen ◗ Einwohnerzahl der Türkei (Stand 2016): 78,15 Millionen[17] ◗ Türkisch ist die bedeutendste und größte Turksprache. ◗ Bei vielen Wörtern wird die vorletzte oder drittletzte Silbe betont. ◗ Viele Wörter werden so ausgesprochen, wie sie geschrieben werden. ◗ Die Satzbildung unterscheidet sich sehr von der deutschen.

Kapitel 1:

Tipps zum organisatorischen Rahmen

Zum Einstieg

Aufgrund des gestiegenen Anteils an Kindern, die nicht Deutsch als Muttersprache sprechen und mit geringen oder keinen Deutschkenntnissen in die Kindertagesstätte kommen, ist ein Umdenken notwendig, das zunächst einmal den **organisatorischen Rahmen** betrifft. Die Situation ist dabei natürlich von Kita zu Kita unterschiedlich und hängt unter anderem stark davon ab, welche Einwohnerstruktur das Einzugsgebiet der Kita hat und welche räumlichen und personellen Kapazitäten gegeben sind.

Sie sollten innerhalb Ihrer Einrichtung ein **Konzept** erstellen, das sowohl räumliche und zeitliche als auch personelle Gegebenheiten überprüft und Entscheidungen festhält, wie eine in den Alltag integrierte oder gesonderte **Sprachförderung** der Kinder mit geringen oder keinen Deutschkenntnissen stattfinden kann, ohne den Normalbetrieb allzu sehr zu stören.

Hinweise, wie etwa ein Sprachförderraum oder eine Sprachförderecke aussehen können, finden sie in diesem Kapitel ebenso wie Kopiervorlagen für ein internationales Willkommensschild und Türschilder mit Symbolen.

Tipp 1

Zuständigkeiten klären

Obgleich alle Erzieherinnen einer Gruppe oder einer Einrichtung mit allen Kindern zusammen sind und mit diesen arbeiten, kann es durchaus sinnvoll sein, wenn nicht alle Erzieherinnen Ansprechpartnerinnen für neue Kinder und Eltern sind, vor allem dann nicht, wenn diese Kinder nicht zu Beginn des Kita-Jahres, sondern irgendwann mitten im Jahr zu Ihnen kommen. Der Ablauf in der Kita kann erheblich gestört werden, wenn alle paar Wochen neue Kinder aufgenommen werden müssen. Damit nicht alle dann immer im Kopf haben müssen, was zu tun ist, und man nicht jedes Mal aufs Neue überlegen muss, wer sich um die neuen Eltern und das neue Kind kümmert, während der normale Betrieb weitergehen muss, ist es sinnvoll, Zuständigkeiten im Vorfeld zu klären und ein Konzept zu entwerfen. Überlegen Sie in Ihrem Kita-Team, was zu tun ist, wenn ein neues Kind während des Jahres zu Ihnen kommt:

- Sollen alle gleichermaßen einbezogen werden, wenn neue Kinder kommen oder soll pro Kita/pro Gruppe eine Erzieherin sich am ersten Tag ausschließlich mit dem neuen Kind beschäftigen, während die Kita-Leitung sich um die Eltern kümmert?
- Wer übernimmt die Aufgaben der Kollegin, die sich am ersten Tag um das neue Kind kümmert?
- Soll das neue Kind für die ersten Wochen eine Bezugserzieherin zur Seite gestellt bekommen, die nicht nur Ansprechpartnerin ist, sondern sich auch um die Sprachförder- und Integrationsaktivitäten kümmert? Soll diese Aufgabe eine bestimmte Kollegin übernehmen oder sollen rotierend alle Kolleginnen einmal diese Aufgabe übernehmen?

Tipp 1

Zuständigkeiten klären

Obgleich alle Erzieherinnen einer Gruppe oder einer Einrichtung mit allen Kindern zusammen sind und mit diesen arbeiten, kann es durchaus sinnvoll sein, wenn nicht alle Erzieherinnen Ansprechpartnerinnen für neue Kinder und Eltern sind, vor allem dann nicht, wenn diese Kinder nicht zu Beginn des Kita-Jahres, sondern irgendwann mitten im Jahr zu Ihnen kommen. Der Ablauf in der Kita kann erheblich gestört werden, wenn alle paar Wochen neue Kinder aufgenommen werden müssen. Damit nicht alle dann immer im Kopf haben müssen, was zu tun ist, und man nicht jedes Mal aufs Neue überlegen muss, wer sich um die neuen Eltern und das neue Kind kümmert, während der normale Betrieb weitergehen muss, ist es sinnvoll, Zuständigkeiten im Vorfeld zu klären und ein Konzept zu entwerfen. Überlegen Sie in Ihrem Kita-Team, was zu tun ist, wenn ein neues Kind während des Jahres zu Ihnen kommt:

- Sollen alle gleichermaßen einbezogen werden, wenn neue Kinder kommen oder soll pro Kita/pro Gruppe eine Erzieherin sich am ersten Tag ausschließlich mit dem neuen Kind beschäftigen, während die Kita-Leitung sich um die Eltern kümmert?
- Wer übernimmt die Aufgaben der Kollegin, die sich am ersten Tag um das neue Kind kümmert?
- Soll das neue Kind für die ersten Wochen eine Bezugserzieherin zur Seite gestellt bekommen, die nicht nur Ansprechpartnerin ist, sondern sich auch um die Sprachförder- und Integrationsaktivitäten kümmert? Soll diese Aufgabe eine bestimmte Kollegin übernehmen oder sollen rotierend alle Kolleginnen einmal diese Aufgabe übernehmen?

Zeitliche Struktur

Zusätzliche, möglichst tägliche Sprachfördereinheiten, können Kindern, die kaum Deutschkenntnisse haben, helfen, sich schneller zu integrieren. Hierbei muss individuell geguckt und entschieden werden, ob ein Kind diese täglichen Sprachfördereinheiten gut mitmachen kann (wenn es alt genug und offen für Neues ist) oder es besser ist, wenn es vielleicht erst einmal „mitlaufen" kann (wenn es z. B. ein junges, schüchternes Kind ist), da die Sprachfördereinheiten es überfordern würden. Abhängig von der individuellen zeitlichen Struktur und den personellen Gegebenheiten jeder einzelnen Kita sind verschiedene Ansätze denkbar, die für die jeweilige Einrichtung weitergedacht und an diese angepasst werden können:

- Sprachförderung zu Beginn des Tages (im Frühdienst): Oft werden nicht alle Gruppenräume geöffnet. Einen Sprachförderblock in diese Zeit zu legen, hat den Vorteil, dass ein Raum zur Verfügung steht und es in der Kita auch noch nicht so wuselig zugeht. Hinzu kommt, dass die Kinder so keine anderen Aktivitäten verpassen. Da Sprachförderung spielerisch stattfinden sollte, kann dies ein schöner Beginn des Kita-Tages für die Kinder werden, auf den sie sich jeden Morgen freuen.
- Ist eine Sprachförderung im Frühdienst nicht möglich, sollte im Kita-Team besprochen werden, wie der Alltag neu strukturiert werden kann, um eine möglichst tägliche Sprachfördereinheit zeitlich einzubauen, ohne dass die Alltagsarbeit zu sehr behindert wird und ohne dass die zu fördernden Kinder andere schöne Aktivitäten verpassen.
- Kurze, regelmäßige, häufige Sprachförderzeiten sind sinnvoller als beispielsweise eine Sprachförderstunde pro Woche, da innerhalb der kurzen Sequenzen Wiederholungsschleifen eingebaut werden können und die Motivation und die Konzentration höher sind.

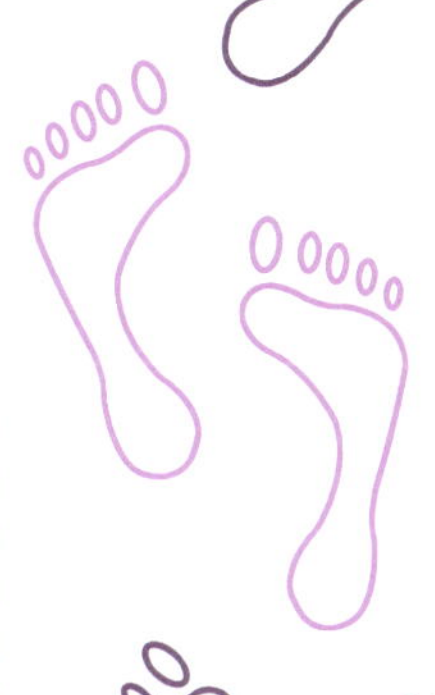

Tipp 3

Symbole für Räumlichkeiten

Der erste Schritt, um den nicht Deutsch sprechenden Kindern und den dazugehörigen Eltern die Orientierung in der Kita zu vereinfachen, besteht darin, Räumlichkeiten mit Symbol-Schildern zu versehen. Bringen Eltern ihr Kind das erste Mal in die Kita, hilft es ihnen, sofort zu sehen, wo beispielsweise die Toilette ist. Da es einige Eltern gibt, die zu diesem Zeitpunkt über keinerlei Deutschkenntnisse verfügen, ist dies eine enorme Hilfe.

Sinnvoll ist es, die Eltern auf diese Schilder aufmerksam zu machen. Ein kleiner Rundgang durch die Einrichtung gibt den Eltern einen Überblick über die Kita und zeigt ihnen, was ihr Kind erwartet.

Auf **S. 14** finden Sie Türschilder mit Symbolen für die wichtigsten Räume in der Kita. Weitere Materialhinweise für die Ausschreibung von Räumlichkeiten finden Sie in den Medientipps **(S. 87)**.

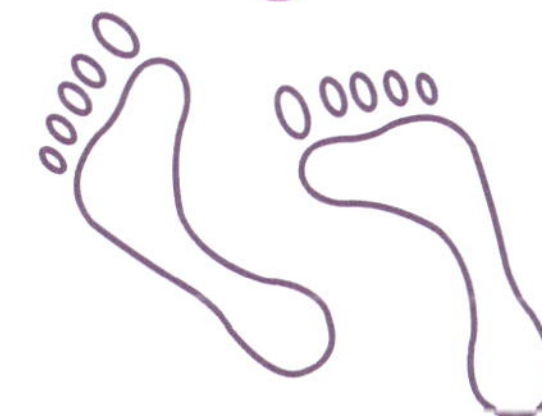

Tipp 4

Fußstapfen und farbige Linien zur Orientierung

Farbige Linien auf dem Boden oder farbig kopierte und laminierte Fußstapfen, die mit doppelseitigem Klebeband auf dem Boden angebracht werden, können die Orientierung erleichtern. So kann die Linie, die zur Küche führt, blau sein, die, die zur Toilette führt, rot usw. Auf die Fußstapfen können Sie die Symbole der einzelnen Räume kleben, bevor Sie sie laminieren. So finden sich Kinder, die nicht auf Deutsch fragen können, wo sich ein Raum befindet, von Anfang an zurecht. Auf **S. 15** finden Sie eine Vorlage.

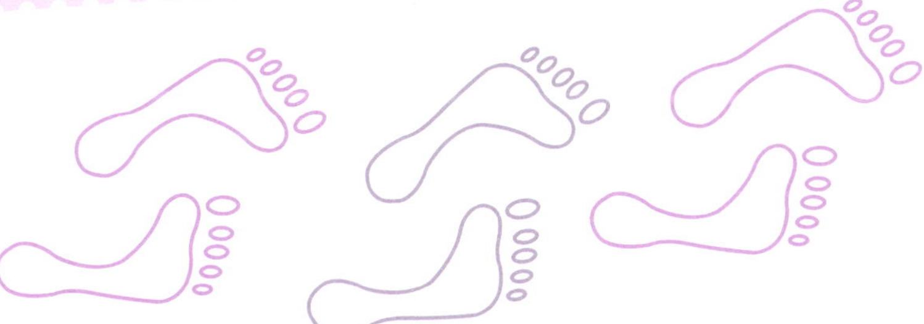

Türschilder mit Symbolen

Toilette/Waschraum

© Anja Boretzki

Büro der Kita-Leitung

Küche

Schlafbereich

© Verlag an der Ruhr | Autorin: Nina Wilkening | Illustrationen: Anja Boretzki | ISBN 978-3-8346-3672-0 | www.verlagruhr.de

Fußstapfen

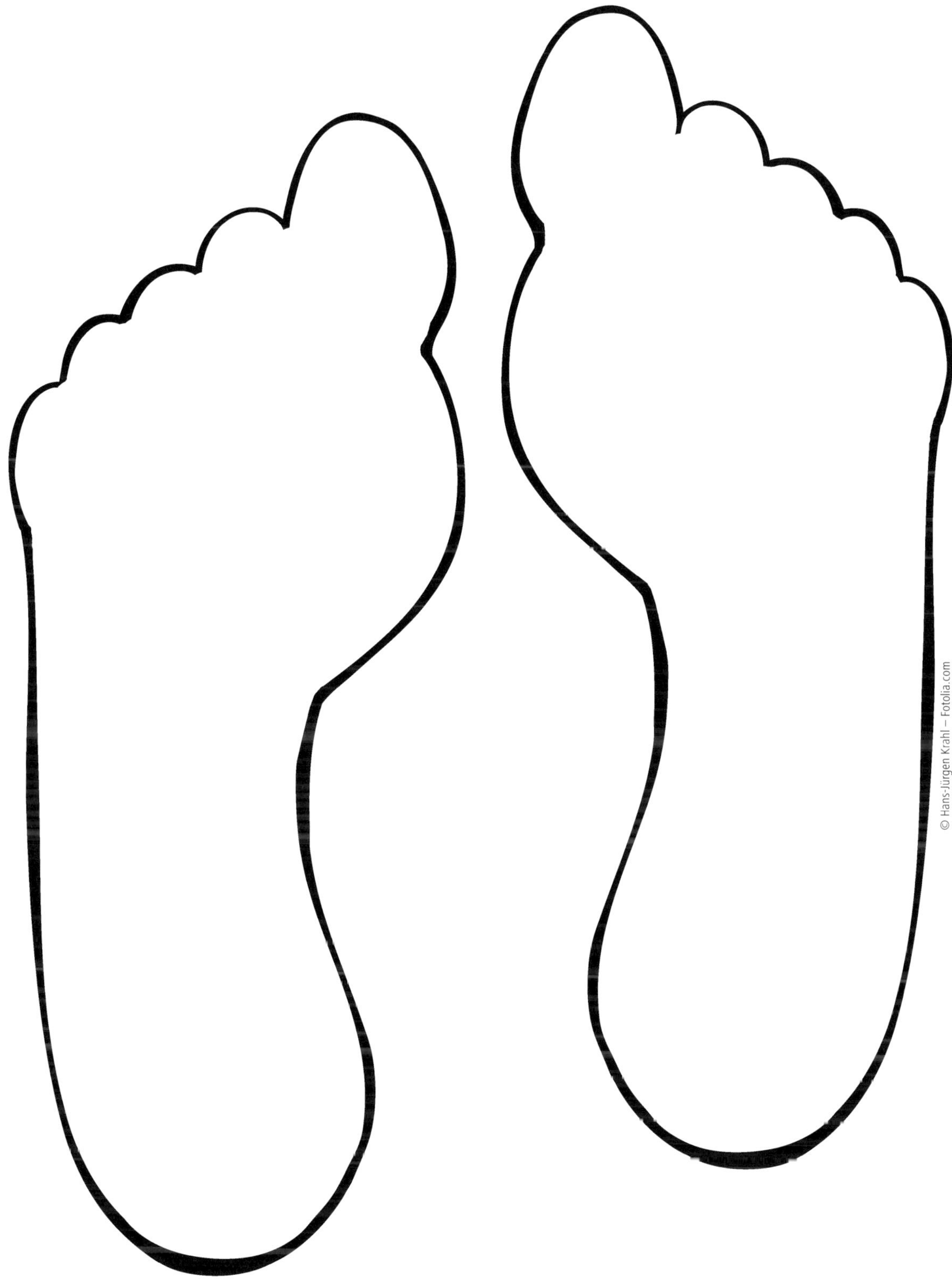

© Hans-Jürgen Krahl – Fotolia.com

Sprachförderraum

Tipp 5

Wenn ein erheblicher Teil der Kita-Kinder spezielle sprachliche Förderung benötigt, weil diese Kinder über keine Deutschkenntnisse verfügen, ist die räumliche Struktur der Einrichtung zu überdenken: Haben Sie die Möglichkeit, einen kompletten Raum als Sprachförderraum einzurichten, in den sich zu bestimmten Zeiten eine Kollegin mit denjenigen Kindern, die die Sprachförderung benötigen, zurückzieht? Ein kompletter Raum bietet die Möglichkeit, eine Vielzahl an Materialien, die speziell für die Sprachförderung nötig sind, gesammelt und geordnet in Schränken und Regalen zur Verfügung zu stellen. Darüber hinaus ermöglicht er, dass Sprachförderung in Ruhe und ungestört von ablenkenden Dingen wie spielenden Kindern stattfinden kann, während der „normale" Kita-Betrieb weitergeht.
In einem speziellen Sprachförderraum könnten Sie beispielsweise folgende Dinge unterbringen:

- einen Tisch, an dem Kleingruppen bis zu sechs Personen Platz finden
- eine gemütliche Ecke mit Sofa oder Kissen, in der man vorlesen kann
- Regale zur Unterbringung von Themenkisten, Bilderbüchern und Spielen
- Wimmelbilder an den Wänden

Sprachförderecke

Tipp 6

Haben Sie keine Möglichkeit, einen kompletten Raum für die Sprachförderung zur Verfügung zu stellen, sollten Sie überlegen, ob eine Ecke innerhalb des Gruppenraumes Sprachförder-Ecke werden kann. Hier können beispielsweise Plakate aufgehängt und Materialien für die Kinder angeboten werden, die diese auch innerhalb der „normalen" Kita-Zeit nutzen können (z. B. Wortschatz-Memos, Wortschatz-Bücher …). Hinzu sollte ein Materialschrank kommen, zu dem nur die Erzieherinnen Zugang haben. Darin werden die Sprachfördermaterialien gesammelt und geordnet untergebracht.

Rückzugsmöglichkeiten

Tipp 7

In vielen Kitas gibt es bereits Rückzugsmöglichkeiten für die Kinder in Form von Kuschelecken oder -räumen. Für Kinder, die aus Kriegsgebieten kommen und in ihrem Heimatland oder auf der Flucht traumatisierende Erfahrungen gemacht haben, sind Rückzugsmöglichkeiten – und wenn sie noch so klein sind – wichtig, damit sie sich aus dem Geschehen des Kita-Alltags herausnehmen können, wenn ihnen danach ist.

Rückzugsmöglichkeiten können beispielsweise sein:

- Eine Kuschelecke, die aus einer Matratze besteht, über der ein Vorhang oder ein Moskitonetz angebracht ist. Die Kinder können sich dort wie in einer Höhle verstecken. Besonders gemütlich wird es, wenn auf der Matratze ein Kissen, eine Decke und Kuscheltiere auf die Kinder warten.
- Ein separater Raum, der mit Teppichboden ausgelegt ist. Hier gibt es ebenfalls Kissen und Decken. Schön ist es, wenn die Wandfarbe gedämpft ist und z. B. eine Lichterkette indirektes Licht gibt. Ein CD-Player mit Entspannungsmusik sorgt für eine angenehme Atmosphäre.

Entspannungsmöglichkeiten

Tipp 8

Wie schon in Tipp 6 „Rückzugsmöglichkeiten“ angemerkt, haben die Kinder, die als Flüchtlinge nach Deutschland kommen, unter Umständen traumatische Ereignisse hinter sich, die sie auch in der Kita mit sich herumschleppen. Nun sind Erzieherinnen in der Kita keine Therapeutinnen und sollten daher auch nicht versuchen, die Traumata anzusprechen oder aufarbeiten zu wollen.

Kinder zu stärken und ihnen Hilfen an die Hand zu geben, ist aber trotzdem möglich. Setzen Sie häufiger Entspannungsverfahren ein. Sie können Entspannungsmusik laufen lassen, Selbstmassagen (z. B. mit Igelbällen) und Partnermassagen durchführen und so den Kindern ermöglichen, ein gutes körperliches und seelisches Gefühl zu bekommen. Aufpassen sollten Sie auf jeden Fall, wenn Sie Fantasiereisen einsetzen möchten. Diese können bei den Kindern Erinnerungen hervorrufen und sind daher eher ungeeignet.

Tipp 9

Willkommensschild international

Waren Sie schon einmal irgendwo fremd? Und wenn es nur im Urlaub war: Versetzen Sie sich für einen kurzen Moment in die Lage der ausländischen Eltern, die zum ersten Mal ihre Kinder in dem fremden Land in die Kita bringen. Wie viele Ängste und Bedenken bringen sie wohl mit. Mit einer kleinen Geste, einem Willkommensschild in unterschiedlichen Sprachen, können Sie den Eltern vielleicht ein bisschen Mut machen, noch bevor diese die Kita überhaupt betreten haben. Das Gefühl, mit dem die Eltern die Kita betreten werden, ist mit großer Sicherheit ein anderes, positiveres, als zuvor.
Auf **S. 19** finden Sie ein Willkommensschild in verschiedenen Sprachen. Sie können es kopieren und an die Eingangstür ihrer Kita hängen, sodass es von jedem, der die Kita betritt, gesehen wird. Wenn Sie möchten, können Sie es natürlich auch noch bunt gestalten, um das Schild freundlicher erscheinen zu lassen.

Tipp 10

Weltkarte

Hängen Sie im Vorraum Ihrer Kita eine große Weltkarte auf. Markieren Sie mit Heftzwecken oder Stecknadeln mit bunten Köpfen die Länder/Orte, aus denen die Kinder, die Ihre Kita besuchen, stammen. Spannen Sie von jeder Stecknadel aus einen Faden, der wiederum an einer anderen Stecknadel befestigt wird, neben der ein Foto des Kindes, zu dem der Faden gehört, klebt. Verfahren Sie so für alle Kinder Ihrer Kita, nicht nur für die ausländischen.
Kommen Sie mit den Kindern Ihrer Kita immer wieder ins Gespräch über die Weltkarte und die Herkunftsländer der Kinder. Betrachten Sie es als Gewinn, dass Kinder aus so unterschiedlichen Ländern Ihre Einrichtung besuchen, und vermitteln Sie auch den Kindern dieses Gefühl.
Auch für die Eltern ist es interessant, zu sehen, aus welchen Ländern die Kinder kommen. Die ausländischen Eltern fühlen sich wertgeschätzt, für die deutschen Eltern ist es eine Anregung, um mit den ausländischen Eltern über deren Herkunftsländer ins Gespräch zu kommen.
Negative Reaktionen müssen Sie aller Wahrscheinlichkeit nach nicht befürchten, da allen deutschen Eltern, die Vorbehalte gegen Ausländer haben, auch ohne die Weltkarte klar sein dürfte, welche Kinder aus dem Ausland sind.

Variante: Haben Sie Kinder in der Kita, die in Deutschland geboren sind, deren Eltern (beide oder nur ein Elternteil) aber aus dem Ausland kommen, können Sie in Absprache mit den Eltern auch zwei Nadeln für diese Kinder an die Weltkarte stecken und an die Fäden „Papa“ oder „Mama“ schreiben, sodass man dies zuordnen kann.

Willkommensschild international

Hoş geldiniz!

ترحيب

Добро́ пожа́ловать!

Welcome!

Herzlich willkommen!

خوش آمدید

Bienvenue!

Serdecznie witamy!

Mirë se erdhët!

Kapitel 2:

Tipps für den ersten Tag und die ersten Wochen

Zum Einstieg

Kitas sind Orte der **Begegnung**. Hier treffen die fremden Kinder auf deutsche Kinder und lernen die Gepflogenheiten der neuen Heimat kennen. Hier treffen aber auch ausländische Eltern auf die Menschen, die schon lange in der neuen Heimat leben. Für viele ausländische Mütter gehören die **Bring- und Abholsituationen** zu den wenigen Momenten, in denen sie mit deutschen Müttern in Kontakt kommen. Da diese Momente aber nur sehr kurz sind und oft nicht die Gelegenheit genutzt wird, sich auszutauschen, sollte die Kita durch zusätzliche Bemühungen versuchen, den neu angekommenen Eltern den **Weg in die Elternschaft** zu bahnen. Dies kann beispielsweise durch Familienpatenschaften, gemeinsame Aktionen, wie Frühstücke, oder Mitmachtage geschehen. Ein noch viel zu wenig beachtetes Potenzial bringen die ausländischen Mütter mit. Viele von ihnen können (z. B. aufgrund mangelnder Sprachkenntnisse) oder dürfen (aufgrund von Gesetzen) nicht arbeiten gehen und sind viele Stunden am Tag isoliert zu Hause. Sie kommen z. T. aus Ländern, in denen noch deutlich bodenständiger gelebt wird als bei uns. Sie beherrschen Handarbeiten und andere Fähigkeiten, die bei uns längst verloren oder aus der Mode gekommen sind. Diese Mütter mit in den Kita-Alltag **einzubinden** – sicherlich nicht täglich, aber doch ab und zu –, kann ganz erheblich dazu beitragen, dass **Integration** gelingt und dass alle Seiten von der gelebten Multikulti-Kultur profitieren.

Aber auch wenn es Ihnen nicht möglich sein sollte, die ausländischen Eltern in Ihren Kita-Alltag zu integrieren und gemeinsame Projekte anzugehen, sollten Sie trotzdem ein erhöhtes Augenmerk auf die **Elternarbeit** legen. Dies kann schon damit beginnen, dass Sie zum Aufnahmegespräch einen Dolmetscher (z. B. einen ausländischen Elternteil eines Kindes, der gut Deutsch spricht oder, wenn vorhanden, den Familienpaten) dazubitten oder den Aufnahmeantrag in mehreren Sprachen anbieten. Je offener Sie den Eltern begegnen und auf diese zugehen, desto häufiger können Sie damit rechnen, dass Eltern anderen ebenfalls offen begegnen und eine **echte Integration** stattfinden kann.

Tipp 11

Checkliste für den ersten Tag

Vielerorts ist es noch so, dass Kita-Plätze zu Beginn des Kita- bzw. Schuljahres nach den Sommerferien neu belegt werden. Wartelisten regeln oft den Zugang und sind teilweise schon über Jahre im Voraus ausgebucht. Viele Flüchtlingskinder sind aufgrund der Wartelisten und der Übergangszeiten in den Flüchtlingsheimen noch nicht in den Kitas angekommen. Ob sich an der Aufnahmepraxis in naher Zukunft und bei einer möglichen neuen Flüchtlingswelle etwas ändern wird, weiß man nicht. Sinnvoll ist es in jedem Fall, eine Checkliste zu haben, die es in Stresszeiten ermöglicht, alle erforderlichen Materialien schnell zusammenzusuchen, um sie den Eltern gebündelt mitzugeben. Eine solche Checkliste finden Sie auf S. 23. Dort sind Formulare angegeben, die Sie als Kopiervorlage in diesem Buch finden oder deren Bezugsquelle im Internet innerhalb der Tipps angegeben ist. Einige Linien stehen außerdem zur Verfügung, damit Sie eigene Formulare ergänzen können.

Sinnvoll ist es, wenn Sie die Checkliste einmal ausdrucken, alle Formulare, die Sie nicht herausgeben möchten, durchstreichen und weitere Formulare notieren. Anschließend können Sie diese bearbeitete Checkliste vervielfältigen und bereitlegen.

Alle benötigten Formulare sollten griffbereit sein, sodass Anmeldungen zu jeder Zeit schnell vorgenommen werden können.

Tipp 12

Aufnahmeformular in verschiedenen Sprachen

Beim Aufnahmegespräch findet einer der ersten Kontakte mit der Institution „Kita" statt. Für alle Eltern ist es ein wichtiger Schritt, ihre Kinder erstmals in fremde Hände zu geben. Das Aufnahmegespräch bietet die Möglichkeit, den Erzieherinnen, denen man sein Kind anvertraut, wichtige Hinweise zu geben, und die Menschen, die von nun an viel Zeit mit dem eigenen Kind verbringen werden, persönlich kennenzulernen. Sprachliche Barrieren können das Aufnahmegespräch für die Eltern schwierig gestalten, es kann zu Missverständnissen kommen und wichtige Informationen von beiden Seiten können nicht mitgeteilt werden. Das kann zu Frustrationen führen und im schlimmsten Fall beginnt die Kita-Zeit für die Eltern mit einem Gefühl der sprachlichen Hilflosigkeit.

Sehr sinnvoll und hilfreich ist es, wenn Eltern, die wenig oder gar nicht Deutsch sprechen, einen Dolmetscher oder Familienhelfer mitbringen, der übersetzt und unterstützt. In vielen Fällen ist dies aber nicht möglich. Dann kann zumindest ein Aufnahmeformular, das neben der deutschen auch eine andere Sprache enthält, weiterhelfen.

Auf den folgenden Seiten (S. 24–32) finden Sie kurze Aufnahmeformulare in Deutsch, Deutsch-Albanisch, Deutsch-Arabisch, Deutsch-Englisch, Deutsch-Farsi, Deutsch-Französisch, Deutsch-Polnisch, Deutsch-Russisch und Deutsch-Türkisch.

Checkliste für den ersten Tag

Name des Kindes: ....

Geburtsdatum: ....

Staatsangehörigkeit: ....

Muttersprache: ....

Aufnahmedatum: ....

Adresse: ....

■ Materialien für die Eltern

Aufnahmeformular

❑ Deutsch ❑ Albanisch ❑ Arabisch ❑ Englisch ❑ Farsi ❑ Französisch

❑ Polnisch ❑ Russisch ❑ Türkisch ❑ ....

❑ Willkommens-Brief (s. Tipp 18, S. 47) (optional)

❑ Informationen zur Eingewöhnungszeit (S. 37–46)

❑ Informationen über Infektionskrankheiten (s. Tipp 17, S. 47) (optional)

❑ Starterpaket „Grundwortschatz" (S. 48)

❑ Sonstiges:

❑ ....

❑ ....

❑ ....

❑ ....

❑ ....

zusammengestellt von: ....

Datum: ....

Aufnahmeformular Deutsch

■ Aufnahmegespräch

Aufnahme am: .... mit: .... Jahren

PERSONALIEN

Name des Kindes (Name, Vorname/n):

....

Adresse: ....

Geburtsdatum: ....

Geschlecht: ....

Staatsangehörigkeit: ....

Familiensprachen: ....

Religion: ....

Name der Personensorgeberechtigten (Name, Vorname/n):

....

Name der Geschwister (Name, Vorname/n):	Geburtsdatum:

Besonderheiten (Krankheiten, Ernährung ...):

....

....

....

....

....

....

....

Aufnahmeformular Deutsch-Albanisch

■ Intervista e pranimit/Aufnahmegespräch

Pranimi më/Aufnahme am: .... me/mit: .... vjeç/Jahren

<u>TË DHËNAT PERSONALE/PERSONALIEN</u>

Emri i fëmijës (Emri, Mbiemri/at) / Name des Kindes (Name, Vorname/n):

....

Adresa/Adresse: ....

Datëlindja/Geburtsdatum: ....

Gjinia/Geschlecht: ....

Shtetësia/Staatsangehörigkeit: ....

Gjuhët e families/Familiensprachen: ....

Besimi fetar/Religion: ....

Emri i personave me të drejtë kujdestarie (Emri, Mbiemri/at)/
Name der Personensorgeberechtigten (Name, Vorname/n):

....

Emri i motrave dhe vëllezërve (Emri, Mbiemri/at)/ Name der Geschwister (Name, Vorname/n):	Datëlindja/ Geburtsdatum:

Të veçanta (sëmundjet, ushqimi ...)/Besonderheiten (Krankheiten, Ernährung ...):

....

....

....

....

....

....

....

Aufnahmeformular Deutsch-Arabisch

Aufnahmegespräch/محادثة القبول

القبول بتاريخ/ Aufnahme am: .... في عمر/ mit: .... سنوات/ Jahren

PERSONALIEN/البيانات الشخصية

اسم الطفل (اسم العائلة، الاسم الأول)/(Name des Kindes (Name, Vorname/n:

....

العنوان/ Adresse: ....

تاريخ الميلاد/Geburtsdatum: ....

النوع/ Geschlecht: ....

الجنسية/Staatsangehörigkeit: ....

لغات الأسرة/Familiensprachen: ....

الدين/ Religion: ....

اسم ولي الأمر (اسم العائلة، الاسم الأول)/(Name der Personensorgeberechtigten (Name, Vorname/n:

....

تاريخ الميلاد / Geburtsdatum:	اسم الأخ/الأخت (اسم العائلة، الاسم الأول)/(Name der Geschwister (Name, Vorname/n:

أمور خاصة (أمراض، تغذية معينة، ...)/(... Besonderheiten (Krankheiten, Ernährung:**

....

....

....

....

....

....

....

Aufnahmeformular Deutsch-Englisch

■ Admission talk/Aufnahmegespräch

Admission on/Aufnahme am: .... with/mit: .... years/Jahren

PERSONAL DATA/PERSONALIEN

Name of the child (name, first name/s)/Name des Kindes (Name, Vorname/n):

....

Adress/Adresse: ....

Date of birth/Geburtsdatum: ....

Sex/Geschlecht: ....

Nationality/Staatsangehörigkeit: ....

Languages of family/Familiensprachen: ....

Religion/Religion: ....

Person having the care and custody of the child (name, first name/s)/
Name der Personensorgeberechtigten (Name, Vorname/n):

....

Name of brothers and sisters (name, first name/s)/ Name der Geschwister (Name, Vorname/n):	Date of birth/ Geburtsdatum:

Particularities (diseases, nutrition ...)/Besonderheiten (Krankheiten, Ernährung ...):

....

....

....

....

....

....

....

Aufnahmeformular Deutsch-Farsi

■ Aufnahmegespräch/ مصاحبه پذیرش

پذیرش در/ Aufnahme am: .... با /mit: .... سال/ Jahren

PERSONALIEN/ اطلاعات شخصی

نام کودک (نام خانوادگی، نام)/ Name des Kindes (Name, Vorname/n):

....

آدرس/ Adresse: ....

تاریخ تولد/ Geburtsdatum: ....

جنسیت/ Geschlecht: ....

ملیت/ Staatsangehörigkeit: ....

زبان‌های خانواده/ Familiensprachen: ....

مذهب/ Religion: ....

نام سرپرست قانونی (نام خانوادگی، نام)/ Name der Personensorgeberechtigten (Name, Vorname/n):

....

نام خواهر و برادر (نام خانوادگی، نام) Name der Geschwister (Name, Vorname/n):	تاریخ تولد / Geburtsdatum:

موارد خاص (بیماری، تغذیه،...)/ Besonderheiten (Krankheiten, Ernährung ...):

....

....

....

....

....

....

....

Aufnahmeformular Deutsch-Französisch

Conversation d'admission/Aufnahmegespräch

Admission le/Aufnahme am: .... avec/mit: .... ans/Jahren

IDENTITE/PERSONALIEN

Nom de l'enfant (nom, prénom/s)/Name des Kindes (Name, Vorname/n):

....

Adresse/Adresse: ....

Date de naissance/Geburtsdatum: ....

Sexe/Geschlecht: ....

Nationalité/Staatsangehörigkeit: ....

Langues de famille/Familiensprachen: ....

Religion/Religion: ....

Nom des personnes qui ont la garde de l'enfant (nom, prénom/s)/
Name der Personensorgeberechtigten (Name, Vorname/n):

....

Nom des frères et soeurs (nom, prénom/s)/ Name der Geschwister (Name, Vorname/n):	Date de naissance/ Geburtsdatum:

Particularités (maladies, alimentation ...)/(Krankheiten, Ernährung ...):

....

....

....

....

....

....

....

Aufnahmeformular Deutsch-Polnisch

■ Rozmowa w sprawie przyjęcia dziecka/Aufnahmegespräch

Przyjęcie w dniu/Aufnahme am: .... w wieku/mit: .... lat/Jahren

DANE PERSONALNE/PERSONALIEN

Nazwisko dziecka (nazwisko, imię/imiona)/Name des Kindes (Name, Vorname/n):

....

Adres zamieszkania/Adresse: ....

Data urodzenia/Geburtsdatum: ....

Płeć/Geschlecht: ....

Obywatelstwo/Staatsangehörigkeit: ....

Języki używane w rodzinie/Familiensprachen: ....

Religia/Religion: ....

Nazwisko prawnego opiekuna (nazwisko, imię/imiona)/
Name der Personensorgeberechtigten (Name, Vorname/n):

....

Nazwisko rodzeństwa (nazwisko, imię/imiona)/ Name der Geschwister (Name, Vorname/n):	Data urodzenia/ Geburtsdatum:

Cechy indywidualne (choroby, odżywianie …)/Besonderheiten (Krankheiten, Ernährung …):

....

....

....

....

....

....

....

Aufnahmeformular Deutsch-Russisch

Беседа при приеме/Aufnahmegespräch

Прием/Aufnahme am: .... в возрасте/mit: .... лет/Jahren

ЛИЧНЫЕ ДАННЫЕ/PERSONALIEN

Имя ребенка (фамилия, имя)/Name des Kindes (Name, Vorname/n):

....

Адрес/Adresse: ....

Дата рождения/Geburtsdatum: ....

Пол/Geschlecht: ....

Гражданство/Staatsangehörigkeit: ....

Языки семьи/Familiensprachen: ....

Религия/Religion: ....

Имя уполномоченных на опеку (фамилия, имя)/
Name der Personensorgeberechtigten (Name, Vorname/n):

....

Имена братьев и сестер (фамилия, имя)/ Name der Geschwister (Name, Vorname/n):	Дата рождения/ Geburtsdatum:

Особенности (болезни, питание ...)/Besonderheiten (Krankheiten, Ernährung ...):

....

....

....

....

....

....

....

Aufnahmeformular Deutsch-Türkisch

■ Kayıt Mülakatı/Aufnahmegespräch

Kayıt tarihi/Aufnahme am: .... Yaşı/Alter ....

KİŞİSEL VERİLER /PERSONALIEN

Çocuğun adı (Adı, soyadı)/Name des Kindes (Name, Vorname/n):

....

Adres/Adresse: ....

Doğum tarihi/Geburtsdatum: ....

Cinsiyeti/Geschlecht: ....

Uyruğu/Staatsangehörigkeit: ....

Ailenin konuştuğu diller/Familiensprachen: ....

Dini/Religion: ....

Bakıcının adı (Adı, soyadı)/
Name der Personensorgeberechtigten (Name, Vorname/n):

....

Kardeşlerinin adları (Adı, soyadı)/ Name der Geschwister (Name, Vorname/n):	Doğum tarihi/ Geburtsdatum:

Özel durumlar (hastalıklar, beslenme ...)/Besonderheiten (Krankheiten, Ernährung ...):

....

....

....

....

....

....

....

Tipp 13

Kita-Informationen mit Symbolen

Während des Aufnahmegesprächs werden die Eltern gebeten, Informationen über ihr Kind weiterzugeben. Die Kita möchte ihrerseits aber auch den Eltern wichtige Informationen über den Alltag und die Abläufe in der Kita mitteilen. Ein Elternbrief, der in knapper Form und mit eindeutigen Symbolen versehen ist, stellt eine enorme Hilfe für jeden Elternteil dar, dessen Deutsch- und Lesekenntnisse gering sind. Im Elternbrief sollten z. B. folgende Angaben enthalten sein:

- Telefonnummer der Kita
- Name der Erzieherin, die Ansprechpartnerin für die Eltern ist (wenn möglich, könnte hier auch ein Foto eingeklebt werden)
- Bring- und Abholzeiten (alle Varianten, kreuzen Sie an, welche das jeweilige Kind betrifft)
- Ausstattung des Kindes (Hausschuhe, Wechselkleidung, Turnsachen etc.)
- tägliches Frühstück, das die Eltern mitgeben müssen
- ein Wochenplan, aus dem die Eltern entnehmen können, welche Aktivitäten in der Kita durchgeführt werden. Schneiden Sie die Aktivitätenbilder **(S. 35)** aus und kleben Sie diese an die passenden Stellen im Wochenplan **(S. 36)**.

Auf **S. 34** finden Sie eine Vorlage, in die Sie die Daten für Ihre Kita eintragen können. Felder, die Sie nicht benötigen, lassen Sie frei. Unten auf der Seite ist Platz für Ergänzungen. Sollten Sie ein Foto der Bezugserzieherin des Kindes aufnehmen, empfiehlt es sich, für die einzelnen Gruppen Originalblätter mit Originalfoto anzufertigen und diese dann mehrfach zu kopieren, sodass sie griffbereit sind und Sie kein Originalfoto auf jeden einzelnen Elternbrief kleben müssen.

Tipp 14

Ausführliche Kita-Informationen in verschiedenen Sprachen

Verschiedene Seiten im Internet bieten ausführliche Kita-Informationen in verschiedenen Sprachen zum Download an. Hier können Sie sich orientieren – je nach Situation in Ihrem Bundesland, in Ihrer Stadt oder bei Ihrem Träger können Sie die Informationen vielleicht sogar übernehmen.

Internet-Empfehlung:
Auf der Seite www.dicvfreiburg.caritas.de/derverband/fachbereiche/kind-jugend-familie/tageseinrichtungen-fuer-kinder/materialien-fuer-eltern (letzter Zugriff: 17.03.17) finden Sie ein neunseitiges Aufnahmeheft, in dem alle wichtigen Informationen für die Eltern, die ihr Kind in der Kita anmelden, drinstehen. Das Aufnahmeheft wird in Deutsch, Englisch, Französisch, Russisch, Spanisch, Türkisch, Arabisch und Persisch angeboten.

Kita-Informationen mit Symbolen

Unsere Kita heißt: ....

 ....

Unsere Bring- und Abholzeiten sind:

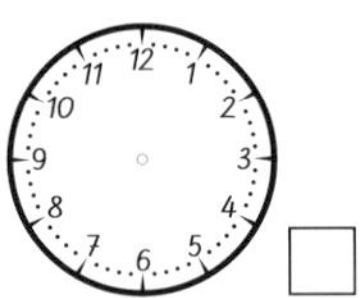

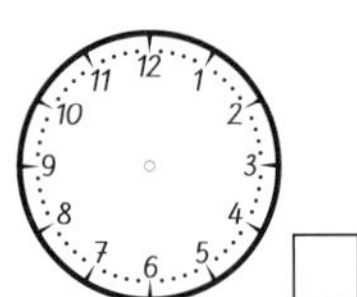

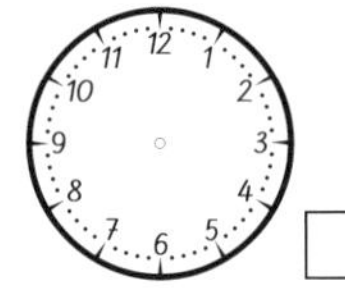

Die Bezugserzieherin Ihres Kindes heißt: ....

Ihr Kind sollte am ersten Tag Folgendes mitbringen:

Ihr Kind sollte jeden Tag Folgendes neu mitbringen:

Wochenplan *(1/2)*

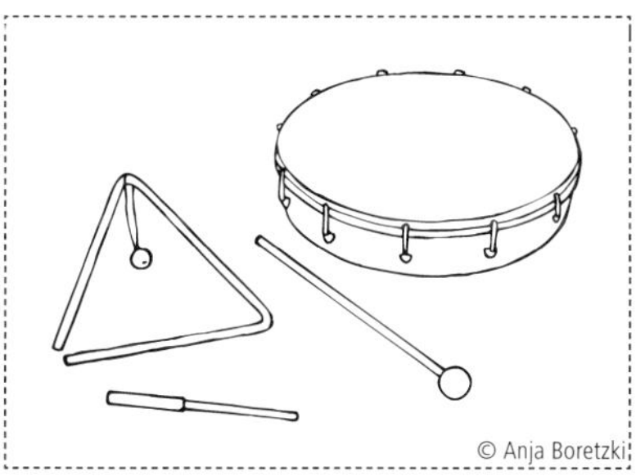

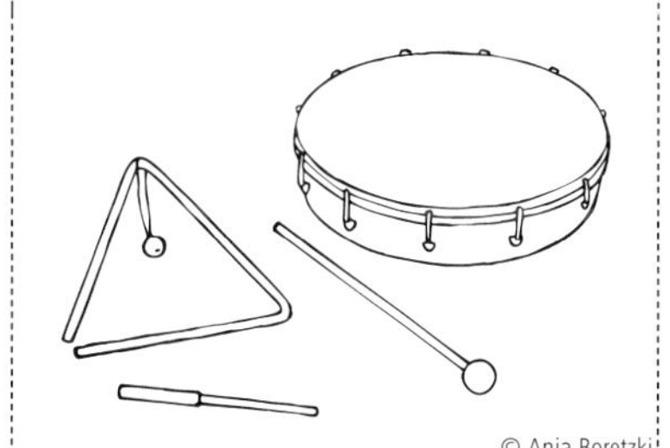

Wochenplan *(2/2)*

Montag	Dienstag	Mittwoch	Donnerstag	Freitag

Tipp 15

Informationen zur Eingewöhnungszeit

Der Beginn der Kita-Zeit ist für alle Kinder eine aufregende, für viele aber auch eine anstrengende und teilweise verunsichernde Zeit. Besonderes pädagogisches Geschick und ein langsames Herantasten sind in dieser Phase vonnöten. Für Eltern und Kinder, die über keine oder nur geringe Deutschkenntnisse verfügen, erschweren die sprachlichen Barrieren diese Zeit zusätzlich. Wichtig ist, dass Eltern darüber informiert sind, wie die Eingewöhnungszeit in der Kita organisiert wird (z. B. durch zunächst nur stundenweise Anwesenheit des Kindes in der Kita, Bereitschaft der Eltern, das Kind jederzeit abzuholen etc.), und wissen, dass Verhaltensauffälligkeiten wie Ängste und ungewohnte Erschöpfung völlig normal sind. Können sich die Eltern auf die Eingewöhnungszeit einstellen, sind sie entspannter und übertragen dies auch auf die Kinder. Informationen sollten daher unbedingt allen Eltern zugänglich gemacht werden, egal welche Sprache sie sprechen. Auf den Folgeseiten **(S. 38–46)** finden Sie einen kurzen Elternbrief mit Informationen zur Eingewöhnungszeit in den Sprachen Deutsch, Albanisch, Arabisch, Englisch, Farsi, Französisch, Polnisch, Russisch und Türkisch.

Tipp 16

Elterngespräch am Ende der Eingewöhnungsphase

Für das Wohlergehen der Kinder ist es wichtig, dass Kita und Elternhaus sich austauschen, besonders dann, wenn das Verhalten der Kinder in der Kita oder zu Hause sich ändert oder auffällig wird. Gerade kleine Kinder sind noch nicht in der Lage, verbal auf Unstimmigkeiten aufmerksam zu machen. Aber auch wenn alles „läuft", ist es hilfreich, wenn diejenigen, die an der Erziehung der Kinder beteiligt sind, sich austauschen, um beispielsweise Stärken der Kinder zu erkennen und ausbauen zu können oder aber auch Förder- und Unterstützungsbedarfe festzustellen und darauf zu reagieren. Das Ende der Eingewöhnungsphase ist ein guter Zeitpunkt für ein erstes Gespräch zwischen Erzieherinnen und Eltern. Dafür sollten Sie Ihre Beobachtungen während der Eingewöhnungsphase schriftlich festhalten. Den Eltern können Sie entweder einen Fragebogen mit nach Hause geben oder die Fragen direkt im Gespräch stellen, z. B.:

- Wie verlief die Eingewöhnungszeit für Sie und Ihr Kind?
- Wie geht es Ihrem Kind heute? Kommt es gerne in die Kita?
- Was erzählt Ihr Kind von der Kita?
- Gibt es Dinge, die wir wissen sollten und auf die wir in der Kita achten sollten?

Internet-Empfehlung:
Der Caritas-Verband der Diözese Freiburg bietet auf seiner Internetseite einen Fragebogen für ein Gespräch nach der Eingewöhnungsphase in verschiedenen Sprachen (Englisch, Französisch, Russisch, Spanisch, Türkisch, Arabisch, Persisch) an.
Link: www.dicvfreiburg.caritas.de/derverband/fachbereiche/kind-jugend-familie/tageseinrichtungen-fuer-kinder/materialien-fuer-eltern/beobachtung/beobachtung
(letzter Zugriff: 27.02.17)

Elternbrief zur Eingewöhnung (Deutsch)

Liebe Eltern,

wir möchten Sie herzlich in unserer Kita begrüßen. Um Ihr Kind behutsam in den Kitaalltag einzugewöhnen, haben wir ein Konzept, das Ihrem Kind und Ihnen die erste Zeit im Kindergarten erleichtert. Auf diese Weise können wir uns gut kennenlernen. Eine Bezugserzieherin begleitet speziell Sie und Ihr Kind in den ersten Wochen. Sie können sie jederzeit ansprechen und sich mit Fragen an sie wenden. Sie wird mit Ihnen besprechen, wie die Eingewöhnung genau abläuft.
In den ersten Tagen bitten wir Sie, gemeinsam mit Ihrem Kind stundenweise in die Gruppe zu kommen und diese zu erkunden. Für das Kind ist es wichtig, Sie als vertraute Bezugsperson unter den neuen, fremden Gesichtern dabeizuhaben.
Wenn Ihr Kind Sicherheit gewinnt und allmählich andere Kinder und die Erzieherinnen kennenlernt, können Sie zeitweise die Gruppe bzw. den Kindergarten verlassen.
In dieser Zeit sollten Sie telefonisch erreichbar sein. So können Sie im Notfall Ihr Kind abholen.

Für diese Kennenlernphase gibt es keinen festen Zeitraum. Jedes Kind ist anders und wir versuchen, die Eingewöhnung individuell auf die Familien anzupassen und allen Bedürfnissen gerecht zu werden. Die Zeiten, in denen Sie die Kita verlassen, verlängern wir schrittweise, bis Ihr Kind sich so weit wohlfühlt, dass es die gebuchten Stunden alleine in der Kita verbringen kann.
Wenn Ihr Kind die deutsche Sprache noch nicht versteht oder spricht, kann es sein, dass es größere Trennungsängste als andere Kinder seines Alters hat. Das ist völlig normal und wir versuchen, in diesem Fall eine optimale Lösung für alle zu finden, um Ihrem Kind den Start in die Kitazeit zu erleichtern. Das besprechen wir dann mit Ihnen im konkreten Fall.

Zum Ende der Eingewöhnung können wir, wenn Sie mögen, einen Gesprächstermin vereinbaren, um über die Eingewöhnungszeit zu sprechen, sie zu reflektieren und gemeinsam die weitere Kitazeit Ihres Kindes zu besprechen und ggf. zu planen.

Wir wünschen Ihnen einen guten Start!
Das Kita-Team

Elternbrief zur Eingewöhnung (Albanisch)

Të dashur prindër,

Kemi kënaqësinë t'ju mirëpresim përzemërsisht në kopshtin tonë ditor. Në mënyrë që fëmija juaj të përshtatet pak nga pak me përditshmërinë e kopshtit, ne kemi një koncept që do të ndihmojë fëmijën tuaj dhe juve në fillesat në kopsht. Në këtë mënyrë ne mund të njihemi mirë me njëri-tjetrin. Një edukatore ju shoqëron në mënyrë të veçantë juve dhe fëmijën tuaj gjatë javëve të para. Ju mund të bisedoni me të dhe t'i bëni pyetje në çdo kohë. Ajo do të diskutojë me ju se si vazhdon përshtatja e fëmijës.
Jeni të lutur që në ditët e para të bashkoheni edhe ju me grupin së bashku me fëmijën dhe të njiheni vetë me situatën. Është e rëndësishme që fëmija t'ju ketë juve si një person të besuar, midis fytyrave të reja dhe të huaja. Nëse fëmija juaj fiton siguri dhe gradualisht njihet me fëmijët e tjerë dhe edukatoret, ju mund të largoheni përkohësisht nga grupi apo kopshti. Gjatë kësaj kohe ju duhet të jeni të arritshëm me anë të telefonit. Në këtë mënyrë, ju mund të merrni fëmijën tuaj në rast emergjence.

Për këtë fazë fillestare ambientimi nuk ka një periudhë kohore të caktuar. Çdo fëmijë është i ndryshëm dhe ne përpiqemi të rregullojmë përshtatjen në mënyrë individuale sipas familjes dhe të plotësojmë të gjitha nevojat në mënyrën e duhur. Kohën gjatë së cilës ju nuk jeni në kopsht, ne e zgjasim gradualisht derisa fëmija juaj të ndihet mirë dhe të mund të kalojë i vetëm në kopsht orët e rezervuara për këtë qëllim.
Nëse fëmija juaj nuk kupton ose nuk e flet akoma gjuhën gjermane, mund të ndodhë që të ketë raste frike nga ndarja, të cilat janë më të shpeshta sesa fëmijët e tjerë të së njëjtës moshë. Kjo është krejtësisht normale dhe në këtë rast ne përpiqemi të gjejmë një zgjidhje optimale për të gjithë, për t'ia lehtësuar fëmijës tuaj fillesat e tij në kopsht. Ne do ta diskutojmë me ju në rast se ndodh.

Në fund të përshtatjes, nëse ju dëshironi, mund të caktojmë një takim për të folur mbi kohën e përshtatjes, që ju të mendoheni dhe te diskutojmë ose planifikojmë së bashku orarin e ndenjes së fëmijës tuaj në kopsht.

Ne ju urojmë një fillim sa më të mbarë!
Stafi i kopshtit ditor

Elternbrief zur Eingewöhnung (Arabisch)

أعزاؤنا الآباء،

نود أن نرحب بكم ترحيبا حارا في دار حضانتنا. لكي يتأقلم طفلكم على حياة الحضانة اليومية بالتدريج، نتبع هنا أسلوبا من شأنه أن ييسر عليكم وعلى طفلكم الفترة الأولى في دار الحضانة. بهذه الطريقة يمكننا التعرف على بعضنا البعض على نحو طيب. في الأسابيع الأولى سترافقكم أنتم وطفلكم مربية خاصة. ويمكنكم التحدث معها في أي وقت وطرح أسئلتكم عليها. وستشرح لكم كيف تسير عملية التأقلم.

في الأيام الأولى نرجو منكم المجيء مع طفلكم لتقضوا عدة ساعات في المجموعة للتعرف عليها. لأنه باعتباركم شخص مألوف لدى طفلكم فمن المهم له أن يراكم وسط هذه الوجوه الغريبة. وعندما يشعر طفلكم بالأمان ويتعرف شيئا فشيئا على بقية الأطفال والمربيات يمكنكم أن تغادروا المجموعة أو دار الحضانة بعد حين. ولكن في هذه الفترة يجب أن تكونوا متاحين هاتفيا. وبذلك يمكنكم اصطحاب طفلكم إذا دعت الضرورة.

مرحلة التعارف هذه ليست محدودة بفترة زمنية معينة. فكل طفل مختلف عن الآخر، ومن جانبنا نحاول موائمة فترة التأقلم مع الأسرة وتلبية احتياجات جميع الأطراف. بالنسبة للفترة التي ستغادرون فيها دار الحضانة، فإننا نطيل أمدها بالتدريج إلى أن يشعر طفلكم بالاطمئنان ويتمكن من قضاء الساعات المتفق عليها وحده في دار الحضانة.

إذا لم يكن طفلكم قادرا على فهم اللغة الألمانية أو التحدث بها بعد، فمن المحتمل أن تكون مخاوفه من الانفصال عنكم أكبر من أقرانه من الأطفال. وهذا أمر معتاد تماما، ومن جانبنا نحاول إيجاد حل مثالي يناسب الجميع، لتيسير ابتداء فترة الحضانة على طفلكم. وسنناقشكم في هذا الأمر في هذه الحالة.

في نهاية مرحلة التأقلم يمكننا - بحسب رغبتكم - الاتفاق على موعد استشارة للتحدث بشأن فترة التأقلم، والتناقش حولها، وكذلك التحدث بشأن الفترة القادمة في دار الحضانة والتخطيط لها إذا لزم الأمر.

نتمنى لكم بداية موفقة!

فريق دار الحضانة

Elternbrief zur Eingewöhnung (Englisch)

Dear parents,

Welcome to our day care centre! We have developed a gentle concept that will allow your child to acclimatise to his or her stay at our centre gradually and that will facilitate the first weeks of kindergarten for you and your son or daughter. It also helps us get to know each other. You and your child will be assigned a personal mentor for the initial few weeks. If you have any questions or concerns, this mentor will be your first point of contact. She will also discuss the details of the acclimatisation phase with you.
During the first days of your child's stay, we ask you to spend some hours per day at the group with your son or daughter to explore the new environment with him or her: your presence as a familiar face among a group of new people is very important to your child. Once your child starts feeling secure and comfortable in the group and forges a relationship with the other children and carers, you can leave the group or the kindergarten temporarily. We ask you to remain available by phone during that time to ensure that you can come back and pick up your daughter or son in case of an emergency.

There is no time limit to this acclimatisation phase. Every child is an individual, and we try to adjust our acclimatisation phase to the needs of each family.
We will gradually extend the periods in which you leave our day care centre until your child is comfortable spending the booked hours in our centre by himself or herself.
If your son or daughter does not understand and/or speak German yet, he or she may suffer from greater separation anxiety than other children of the same age.
This is entirely normal, and we will do our best to find an optimal solution for everyone that helps your child adjust to day care. We will discuss this with you if the need arises.

At the end of the acclimatisation phase, we offer you a discussion appointment to talk about and reflect upon your child's acclimatisation and potentially plan the future day care needs of your child.

We wish you a great start!
The day care team

Elternbrief zur Eingewöhnung (Farsi)

والدین عزیز،

تمایل داریم تا صمیمانه به شما در مهدکودک خود خوش آمد بگوییم. برای این که از فرزند شما در فعالیت‌های روزمره در مهدکودک حمایت کنیم، یک ایده را معرفی کرده‌ایم که روزهای اول را برای شما و فرزندتان در مهدکودک تسهیل می کند. از این طریق می‌توانیم به خوبی با یکدیگر آشنا شویم. یک مربی شما و فرزندتان را در هفته‌های اول همراهی می‌کنم. شما می‌توانید در هر زمان با او مشورت کرده و در صورتی که سوالی دارید به او مراجعه کنید. او با شما در مورد نحوه سازگاری فرزندتان با محیط مهدکودک صحبت می‌کند.

از شما تقاظا داریم تا در روزهای اول به همراه کودک خود برای چند ساعت در گروه شرکت داشته باشید و آن را بشناسید. برای کودک مهم است که در محیط جدید و با چهره‌های غریبه، شما را به عنوان شخص مورد اعتماد در کنار خود داشته باشد. هنگامی که کودک شما امنیت کافی را بدست آورد و به تدریج با دیگر کودکان و مربیان آشنا شد،می توانید به تدریج گروه و مهدکودک را ترک کنید. در این مدت باید به صورت تلفنی در دسترس باشید. شما می‌توانید در موارد اضطراری کودک خود را از مهدکودک ببرید.

برای این فاز آشنایی هیچ زمان مشخصی وجود ندارد. هر کودک متفاوت است و ما سعی می کنیم که فرآیند سازگاری را با توجه خانواده ها طراحی کرده و تمام نیازها را مورد توجه قرار دهیم. زمان هایی که مهدکودک را ترک می‌کنید، تقاظا داریم تا به صورت گام به گام و تا جایی که کودک شما احساس خوبی دارد، ساعت های برنامه ریزی شده را به تنهایی در مهدکودک حضور داشته باشد.

در صورتی که کودک شما هنوز نمی‌تواند زبان آلمانی را صحبت کند و یا متوجه نمی‌شود، ممکن است ترس جدایی بیشتری نسبت به بچه‌های هم سن خود داشته باشد. این کاملا عادی است و ما تلاش می کنیم در این موارد راه حل مناسب را برای کودک شما پیدا کنیم تا شروع مهدکودک برای کودک شما تسهیل شود. در موارد عینی در این خصوص با شما صحبت می کنیم.

در پایان مرحله سازگاری می توانیم، در صورتی که شما بخواهید، یک جلسه مشاوره ترتیب دهیم تا در خصوص سازگاری صحبت کرده، نتیجه را انعکاس دهیم و همراه هم درباره آینده فرزند شما در مهدکودک صحبت کنیم و در صورت لزوم آن را برنامه ریزی کنیم.

برای شما شروع خوبی را آرزو می کنیم!

تیم مهدکودک

Elternbrief zur Eingewöhnung (Französisch)

Chers parents,

Nous sommes très heureux de vous accueillir au sein de notre garderie. Pour que votre enfant puisse bien s'habituer à notre quotidien, nous avons développé un concept destiné à faciliter les premiers moments à la garderie pour vous et votre enfant. Nous pourrons ainsi apprendre à nous connaître. Une éducatrice s'occupera de vous accompagner vous et votre enfant pendant les premières semaines. Elle sera entièrement à votre écoute, n'hésitez pas à lui poser des questions si vous le souhaitez. Vous discuterez ensemble de l'adaptation de votre enfant.
Les premiers jours, nous vous demanderons de bien vouloir passer quelques heures avec votre enfant au sein du groupe afin de pourvoir apprendre à le connaître. Vous serez le seul visage familier aux yeux de votre enfant, votre présence est donc très importante. Une fois que votre enfant se sentira en sécurité et qu'il aura petit à petit appris à connaître les autres enfants et les éducatrices, vous pourrez commencer à quitter le groupe voire la garderie. Vous devrez cependant rester joignable par téléphone afin de pouvoir venir chercher votre enfant si nécessaire. Cette phase de prise de contact n'a pas vraiment de durée précise. Chaque enfant est individuel et nous essayons toujours d'ajuster l'adaptation à chaque famille et à ses besoins. Les périodes où vous pourrez quitter la garderie seront petit à petit rallongées jusqu'à ce que votre enfant se sente prêt à rester seul à la garderie pendant la période déterminée.

Si votre enfant ne parle pas ou ne comprend pas encore la langue allemande, son angoisse de la séparation sera peut-être plus grande par rapport aux autres enfants de son âge. Cela est tout à fait normal. Lorsqu'un tel cas se présente, nous essayons de trouver la meilleure solution pour tous pour faciliter l'entree à la garderie de votre enfant. Nous en discuterons avec vous si le cas se présente.

À la fin de la phase d'adaptation nous pourrons, si vous le souhaitez, convenir d'un rendez-vous pour discuter de la période d'adaptation, répondre à vos questions, discuter du temps que votre enfant a passé a la garderie et éventuellement planifier les prochaines périodes.

Nous vous souhaitons une très bonne rentrée !
L'équipe de la garderie

Elternbrief zur Eingewöhnung (Polnisch)

Drodzy Rodzice!

Chcielibyśmy serdecznie powitać Państwa w naszym przedszkolu. Aby łagodnie przyzwyczaić dziecko do codziennego pobytu w przedszkolu, opracowaliśmy koncepcję ułatwiającą Państwa dziecku i Państwu pierwszy okres w przedszkolu. Dzięki niej będziemy mogli się lepiej poznać. W pierwszych tygodniach Państwu i Państwa dziecku będzie towarzyszyć wychowawczyni. W każdej chwili możecie Państwo z nią porozmawiać i zwrócić się do niej z pytaniami. Omówi ona z Państwem dokładnie przebieg procesu adaptacji dziecka do nowego środowiska. W pierwszych dniach prosimy Państwa o przychodzenie na godziny razem z Państwa dzieckiem w celu poznania grupy. Dla dziecka ważne jest, aby wśród obcych twarzy mieć przy sobie zaufaną osobę. Gdy Państwa dziecko nabierze pewności i stopniowo pozna inne dzieci i wychowawczynie, możecie Państwo czasami opuścić grupę lub przedszkole. W tym czasie powinniście być Państwo dostępni telefonicznie. W nagłej potrzebie będziecie Państwo mogli wówczas odebrać dziecko.
Dla tej fazy poznania się nie ma żadnej stałej ramy czasowej. Każde dziecko jest inne i spróbujemy dopasować okres adaptacji indywidualnie do rodziny i wszystkich potrzeb. Czas, na jaki będziecie Państwo opuszczać przedszkole będziemy stopniowo przedłużać, aż do chwili, gdy Państwa dziecko poczuje się u nas na tyle dobrze, że będzie mogło spędzić zarezerwowane godziny samo w przedszkolu.

Jeśli Państwa dziecko nie rozumie lub nie mówi jeszcze w języku niemieckim, może okazać się, że będzie mieć większe lęki z powodu rozłąki niż inne dzieci w jego wieku. To jest całkowicie normalnie. W takim przypadku spróbujemy znaleźć optymalne rozwiązanie dla wszystkich, aby ułatwić Państwa dziecku wejście w okres przedszkolny. Omówimy to z Państwem w konkretnym przypadku.

Na koniec fazy adaptacji możemy – jeśli Państwo tego zechcecie – przeprowadzić rozmowę dotyczącą okresu adaptacji dziecka, wysnuć z niego wnioski, wspólnie omówić i ewentualnie zaplanować dalszą część okresu przedszkolnego.

Życzymy Państwu szybkiej i pomyślnej adaptacji Państwa dziecka w naszym przedszkolu!
Zespół przedszkola

Elternbrief zur Eingewöhnung (Russisch)

Дорогие родители!

Мы хотели бы сердечно приветствовать вас в нашем детском учреждении. Чтобы облегчить вашему ребенку привыкание к пребыванию в детском учреждении, мы разработали концепцию, которая облегчит вам и вашему ребенку первые дни в детском саду. Таким образом мы можем хорошо познакомится друг с другом. Первая воспитательница будет специально заниматься вашим ребенком в первые несколько недель. Вы можете в любое время обращаться к ней с вопросами. Она обсудит с вами, как именно проходит привыкание.

В первые дни мы просим вас приходить вместе с ребенком в группу и знакомиться с ней. Для ребенка важно, чтобы вы в качестве близкого человека оставались с ним среди новых, чужих лиц. Когда ваш ребенок освоится и постепенно познакомится с другими детьми и воспитательницами, вы время от времени сможете уходить из группы и детского сада. Но в это время вы должны быть на телефоне. Чтобы в экстренном случае вы могли забрать своего ребенка.

Для этого этапа знакомства четкие временные рамки не установлены. Все дети разные и мы пытаемся сделать период привыкания индивидуальным для конкретных семей, чтобы соответствовать всем потребностям. Время, на которое вы сможете уходить из детсада, мы будем поэтапно увеличивать до тех пор, пока ваш ребенок освоится настолько, чтобы оставаться у нас все отведенное для этого время.

Если ваш ребенок еще не понимает немецкий язык или не говорит по-помоцки, ему может быть сложнее расставаться с вами, чем другим детям его возраста. Это совершенно нормально и мы в таких случаях пытаемся найти оптимальное решение для всех, чтобы облегчить привыкание ребенка к детсаду. Это мы обсудим с вами в конкретном случае.

В конце периода привыкания мы можем, если вы этого пожелаете, договориться о беседе, чтобы обсудить период привыкания вашего ребенка, высказать свое мнение об этом периоде, а также поговорить о дальнейшем времени пребывания вашего ребенка в детсаду, в том числе и о планировании этого пребывания.

Мы желаем вам успешного привыкания вашего ребенка к детсаду!

Команда детсада

Elternbrief zur Eingewöhnung (Türkisch)

Sevgili Veliler,

Kreşimize canı gönülden hoş geldiniz demek istiyoruz. Çocuğunuzu yavaşça kreş hayatına alıştırmak amaçlı onun ve sizin ilk dönemini kolaylaştıracak bir konseptimiz var. Bu şekilde birbirimizi de iyi tanıyabiliriz. Özellikle siz ve çocuğunuza ilk haftalarda bir rehber öğretmen eşlik edecektir. Ne zaman isterseniz ona başvurabilir ve sorularınızı yöneltebilirsiniz. O sizinle alışma döneminin tam olarak nasıl geçtiğini konuşacaktır.
İlk günlerde sizden, gruba birkaç saatliğine çocuğunuzla birlikte katılmanızı rica ediyoruz. Çocuğun yeni ve yabancı yüzler arasında güvendiği bir kişi olarak sizi görmesi önemlidir. Çocuğunuz güven kazanır ve yavaş yavaş diğer çocuk ve eğitimcileri tanımaya başladığında grup veya kreşten zaman zaman ayrılabilirsiniz. Bu sürede telefonla ulaşılabilir olmalısınız. Böylece acil bir durumunda çocuğunuzu alabilirsiniz. Bu tanışma aşamasının sabit bir süresi yoktur. Her çocuk farklıdır ve alışma sürecini özel olarak ailelere ve tüm gereksinimlere uygun tutmaya çalışıyoruz. Kreşten ayrıldığınız süreleri aşamalı bir şekilde uzatıyoruz, ta ki çocuğunuz kendisini kayıtlı olduğu sürenin tamamını tek başına kreşte geçirebilecek kadar rahat hissedene kadar.

Çocuğunuz henüz Almanca anlamıyor veya konuşamıyorsa ayrılık korkusu kendi yaşındaki diğer çocuklara oranla daha fazla olabilir. Bu tamamen normaldir; bu durumda çocuğunuzun kreş dönemine başlangıcını kolaylaştırmak için ideal bir çözüm bulmaya çalışırız. Bunu o zaman sizinle özel olarak konuşuruz.

Alışma döneminin sonunda, eğer isterseniz, alışma dönemi hakkında konuşmak, onu değerlendirmek ve çocuğunuzun kreşteki geleceğini konuşmak ve gerekirse planlamak için bir randevu tarihi belirleyebiliriz.

Size iyi bir başlangıç diliyoruz!
Kreş Ekibiniz

Tipp 17

Informationen über Infektionskrankheiten in verschiedenen Sprachen

Das Robert-Koch-Institut stellt auf seiner Homepage so genannte Belehrungsbögen für Eltern in verschiedenen Sprachen zum Download zur Verfügung. Hier erfahren die Eltern, bei welchen Krankheiten bzw. bei Verdacht auf welche Krankheiten bei einem Kind und/oder einer Person, die im gleichen Haushalt lebt, ein Besuchsverbot der Kindertagesstätte besteht. Die Belehrungsbögen werden in Deutsch, Arabisch, Englisch, Französisch, Polnisch, Russisch, Spanisch und Türkisch angeboten.
Geben Sie auf der Internetseite des Robert-Koch-Instituts (www.rki.de) im Suchfeld das Wort „Belehrungsbogen" ein, um darauf zugreifen zu können.

Tipp 18

Informationen über das deutsche Kita-System geben

Viele Flüchtlinge kennen aus ihren Heimatländern keine Kitas. Sie verstehen vermutlich zunächst einmal nicht, welchen Sinn und Zweck es haben soll, die eigenen Kinder recht früh aus dem Haus zu geben. Es ist verständlich, wenn sie der Institution „Kita" zunächst einmal mit Argwohn, Angst und Ablehnung begegnen, anstatt zu sehen, welche Vorteile der Kitabesuch den Kindern bringt, beispielsweise das schnelle Lernen der deutschen Sprache und das Ankommen im neuen Heimatland.
Als Erzieherin sollten Sie versuchen, die Ängste und Vorbehalte der Eltern ernst zu nehmen und zu akzeptieren. Eine Art Aufklärungsarbeit ist angesagt, die den Eltern hilft, das Kita-System in Deutschland zu verstehen und Vertrauen in Ihre Arbeit zu fassen. Möglich ist diese „Aufklärungsarbeit", indem Sie beispielsweise Plakate mit Bildern Ihrer täglichen Arbeit zusammenstellen und diese im Kitabereich aufhängen. So bekommen die Eltern, die zu Ihnen kommen, einen ersten Eindruck, was in Ihrer Einrichtung tagtäglich stattfindet.

Wer grundsätzlichere Informationen bereitstellen möchte, kann beispielsweise an einem Tag der offenen Tür Kurzfilme laufen lassen, die in unterschiedlichen Sprachen die Bedeutung von Kitas veranschaulichen und die Vorteile des Kita-Systems aufzeigen. Die Videos gibt es in den Sprachen Deutsch, Englisch, Arabisch und Farsi. Den Link zu den Videos gibt es auf der Internetseite des Niedersächsischen Instituts für Frühkindliche Bildung und Entwicklung (nifbe): www.nifbe.de/infoservice/aktuelles/1102-kurzfilme-zur-kindertagesbetreuung-in-fuenf-sprachen (letzter Zugriff: 17.03.17).
Auch schriftliche Informationen können Sie interessierten Eltern mitgeben. Für sogenannte „Willkommensbriefe", die Informationen über den Kitabesuch im Allgemeinen in verschiedenen Sprachen bereitstellen, gibt es im Internet verschiedene Beispiele. Die Briefe können meist nur als Anregungen dienen und sollten an die Verhältnisse vor Ort angepasst werden.

Tipp 19

Starterpaket „Grundwortschatz"

Die Idee, Deutschlernern eine Art „Starterpaket" an Wortschatz mitzugeben, z. B. in Plakat- oder Buchform, wird in vielfältiger Weise kostenlos oder kostenpflichtig von Verlagen und auf Internetseiten angeboten.
Statt auf fertige Materialien zurückzugreifen, ist es aber auch möglich, zusammen mit den Kitakindern (z. B. als Vorschulprojekt) eigene Materialien zu erstellen, die dann den nicht Deutsch sprechenden Eltern am Tag der Anmeldung übergeben werden können.
Sie können Fotos von Kindern und Gegenständen machen, diese auf ein Plakat kleben und mit den deutschen Begriffen versehen. Anschließend können Sie das Plakat kopieren, einscannen und für die Eltern ausdrucken. Erstellen Sie für jedes Thema eine Seite mit bis zu 12 Fotos (4 x 3) und heften Sie die Themenseiten in eine Mappe.

Vorschläge für Themenseiten:

- Kita: Namensschild (von der Kita-Tür), Gruppenraum, Matschhose, Gummistiefel, Regenjacke, Wechselkleidung, Erzieherin, Kindergarten-Leitung usw.
- Obst und Gemüse: verschiedene Sorten
- Tiere: Hierfür können Sie Fotos aus dem Internet kopieren, Kinder bitten, Tiere zu malen oder sie aus Zeitschriften auszuschneiden.
- Unsere Umgebung: Hier können Sie mit den Kindern die Umgebung erkunden und Fotos machen, z. B. von Supermarkt, Kirche, Ampel, Geldinstitut etc.

Die Plakate müssen natürlich nicht nur als Anregung für die nicht Deutsch sprechenden Eltern erstellt werden, sondern können ebenso gut in der Kita, z. B. in Gruppenräumen, Fluren oder im Sprachförderraum aufgehängt werden.

Tipp 20

Zahnpflege

Die hygienischen Bedingungen sind in Deutschland hervorragend.
In einigen Herkunftsländern von Flüchtlingen und Migranten sieht dies jedoch ganz anders aus. Für die Gesundheit und das Wohlergehen der Kinder ist es wichtig, dass sie alltägliche Dinge wie das Zähneputzen leicht und unkompliziert lernen. In vielen Kitas werden die Zähne gemeinsam nach den Mahlzeiten geputzt.
Eine ausreichende Zahnhygiene ist aber nur dann gegeben, wenn auch zu Hause die Zähne geputzt werden. Um die Unterstützung der Eltern zu gewinnen, sollten diese über die richtige Zahnpflege informiert sein.
Auf **S. 49** finden Sie ein Informationsblatt, das den Eltern helfen soll, zu Hause mit ihren Kindern Zähne putzen zu üben. Das Informationsblatt ist selbsterklärend. Die wichtigsten deutschen Begriffe stehen jedoch darunter, um den Eltern bei der Erweiterung ihres Wortschatzes zu helfen.

Zahnpflege

Zum Zähneputzen braucht man:

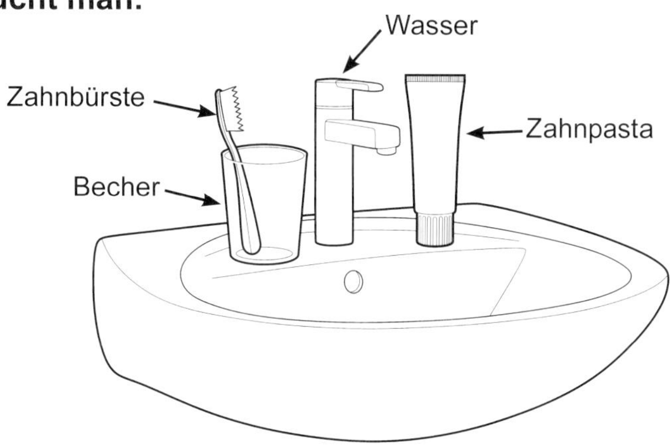

Das muss man vorher machen:

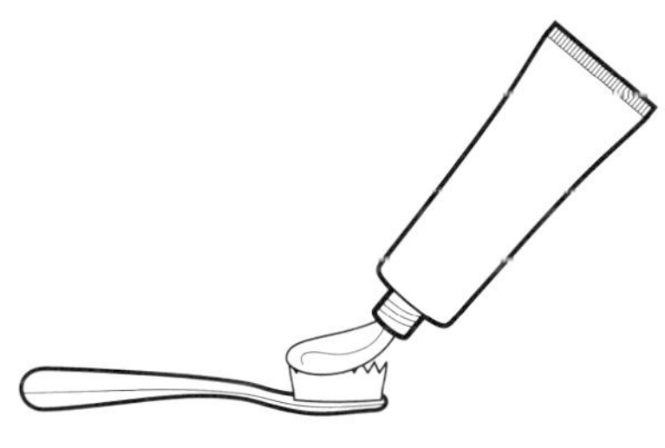

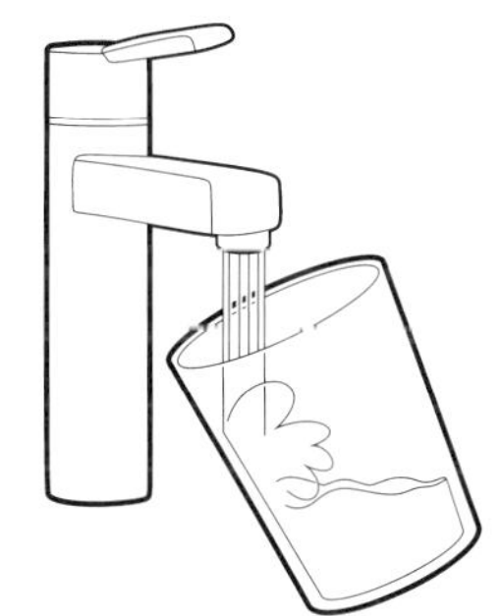

So putzt man seine Zähne:

Man putzt die Kauflächen.

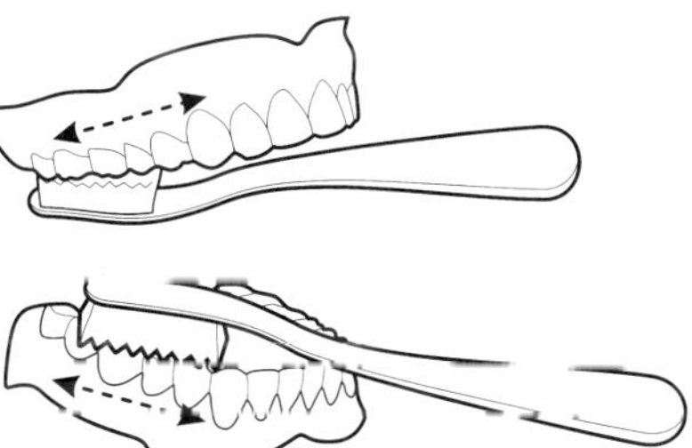

Man putzt die Außenflächen.

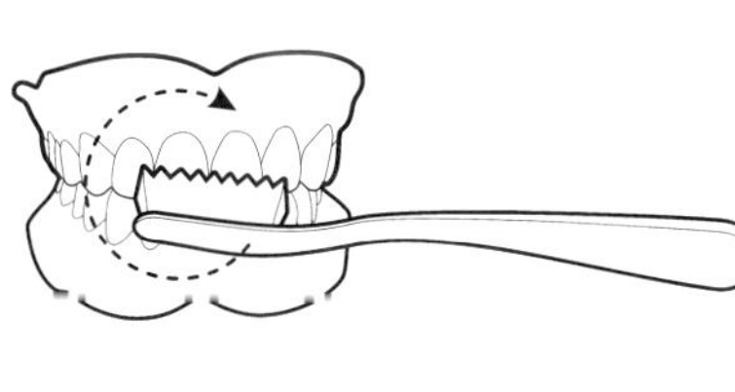

Man putzt die Innenflächen.

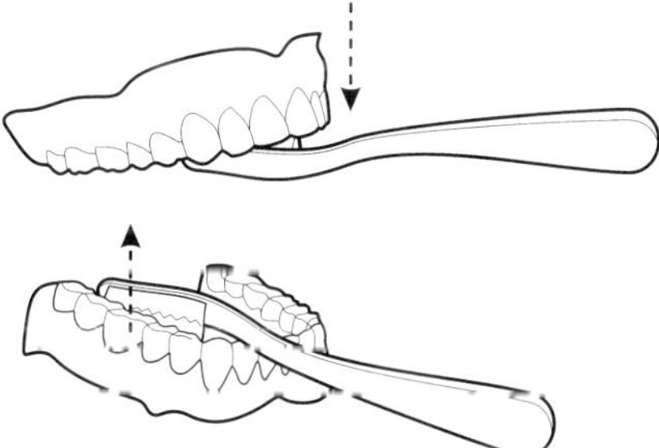

Am Ende spült man den Mund mit Wasser aus:

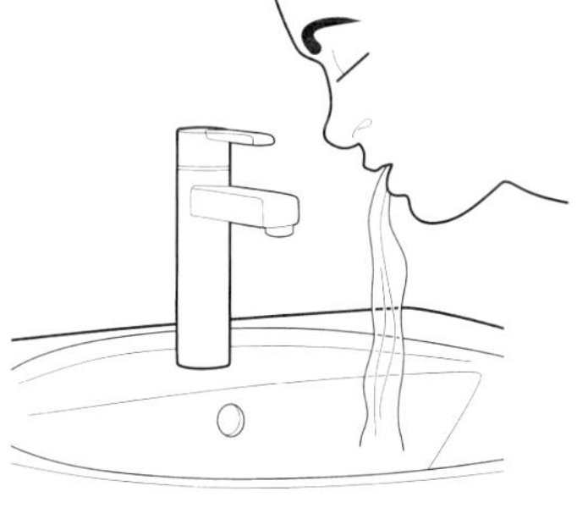

Tipp 21

Sprachangebote für ausländische Eltern

Sieht man die Kita als Begegnungsstätte an, wo sich Menschen mit unterschiedlicher Herkunft – sowohl die Kinder als auch die dazugehörenden Eltern – treffen und die Möglichkeit haben können, Bekanntschaften und Freundschaften zu schließen, liegt die Überlegung nahe, dass man nicht nur den Kindern hilft, sich zu integrieren, sondern auch die Eltern in den Blick nimmt. Natürlich ist der Anteil der ausländischen Kinder, deren Eltern kein oder wenig Deutsch sprechen, von Einrichtung zu Einrichtung verschieden und auch der Standort und die Art der Einrichtung bieten nicht immer die Möglichkeit, einen Deutschkurs einzurichten. In manchen Fällen könnte aber so ein Deutschkurs einen erheblichen Beitrag dazu leisten, dass die Familien und damit auch die Kinder sich schneller und besser in der Kita einleben können. Vielleicht gibt es an Ihrem Standort die Möglichkeit, dass die VHS einen Deutschkurs in einem leer stehenden Raum des Kirchenzentrums, zu dem Ihre Kita gehört, für die Mütter und Väter Ihrer Kita-Kinder anbietet. Oder es finden sich Ehrenamtliche (vielleicht auch Dolmetscher), die einmal pro Woche während der Kita-Zeit in den Kita-Räumen als Anlaufpersonen für ausländische Eltern da sind, um ihnen bei Problemen weiterzuhelfen. Möglichkeiten gibt es viele, wenn man sich auf den Weg macht, um Integration zu leben.

Internet-Empfehlung:
Das Bundesamt für Migration und Flüchtlinge (BAMF) gibt den Flyer „Lernen Sie Deutsch – Integrationskurs für Zuwanderinnen und Zuwanderer" in verschiedenen Sprachen heraus. Er ist zu beziehen über die Internetseite des BAMF.
Sie können diesen an die Eltern Ihrer Kita-Kinder weiterreichen.
Link: www.bamf.de/SharedDocs/Anlagen/DE/Publikationen/Flyer/Lernen-Sie-Deutsch/lernen-sie-deutsch.html (letzter Zugriff: 27.02.17)

Tipp 22

Informationselternabend zum Thema „Flüchtlinge"

Vorurteile entstehen meist durch Unwissen und können durch Informationen abgebaut werden. Bieten Sie einen Informationselternabend an, der sich an deutsche und ausländische Eltern richtet, die keine Flüchtlinge sind. Ziel dieses Informationsabends sollte es sein, den interessierten Eltern aufzuzeigen:

- wie die Lage in den Heimatländern der Flüchtlinge war und ist
- welche Strapazen die Flüchtlinge auf sich genommen haben, um hierherzukommen
- in welcher Situation sie nun sind (z. B. welche finanzielle und materielle Unterstützung sie tatsächlich bekommen und vor allem, was sie nicht bekommen, denn häufig grassiert das Vorurteil, dass die Flüchtlinge sehr viel höhere finanzielle Zuwendungen erhalten, als dies tatsächlich der Fall ist)
- wie der Kindergarten durch Sprachförderung und Integrationsmaßnahmen den Kindern helfen möchte, hier möglichst schnell anzukommen
- wie deutsche Familien helfen können, um den Start in Deutschland zu erleichtern (z. B. durch Patenschaften, Kleider- und Spielzeugspenden)

Viele Informationen müssen Sie eventuell zuvor bei den Ämtern und Flüchtlingsunterkünften Ihrer Stadt recherchieren. Der Aufwand dürfte sich aber in jedem Fall lohnen, wenn es Ihnen gelingen sollte, Ängste abzubauen und Unterstützung und Verständnis aufzubauen. Scheuen Sie sich auch nicht davor, Mitarbeiter aus den Flüchtlingsunterkünften oder „Paten" in die Kita einzuladen, die von der Situation der Flüchtlinge erzählen und für Nachfragen bereitstehen.

Kapitel 3:

Tipps für die Elternarbeit

Zum Einstieg

Auch wenn die Eltern nicht Ihre Hauptzielgruppe sind und Sie diese nur kurze Zeit am Tag beim Bringen und Abholen der Kinder sehen, so sind Eltern doch eine äußerst wichtige Personengruppe, die auch die Bedingungen und die Atmosphäre in der Kita stark beeinflussen können – im positiven wie im negativen Sinne.

Im folgenden Kapitel möchte ich Ihnen daher Tipps geben, wie Sie die **Eltern „mit ins Boot holen"** können. Ich betrachte die Kita dabei als Ort der Begegnung, an dem Menschen aus unterschiedlichen **Kulturen** zusammenkommen und miteinander Freude und Sorgen teilen können. Der Austausch zwischen den Eltern sollte ein freiwilliges Geben derer, die dazu bereit sind, beinhalten. Dies kann auf Seiten der finanziell besser gestellten deutschen Eltern durchaus auch materiell erfolgen (z. B. durch die Spendenkiste oder den Förderverein). Ebenso gut sind immaterielle **Familienpatenschaften** denkbar. Die ausländischen Eltern ihrerseits können der Gemeinschaft aber auch etwas geben, wenn sie beispielsweise am Familienfrühstück oder Mitmachaktionen teilnehmen, beim Multikulturellen Sommerfest von ihrer Heimat berichten und Spiele und Fotos beisteuern. Ihnen als Erzieherinnen in der Kita kommt eine **Mittlerfunktion** zu. Sie können auf einem **Elternabend** über die Lage von Flüchtlingen und Migranten informieren und helfen, Vorurteile abzubauen. Sie können Aktionen und Projekte anregen, an denen sich Eltern Ihrer Kita-Kinder freiwillig beteiligen können.

Außerdem können Sie durch Informationsmaterialien zum mehrsprachigen Erziehen direkte Hilfe leisten und sich selbst Hilfe suchen, wenn Sie mit traumatisierten Kindern zu tun haben.

Natürlich ist bei allem im Auge zu behalten, dass Ihre zeitlichen und personellen **Kapazitäten** begrenzt sind. Dennoch ist es oftmals lohnenswert, einen Schritt auf die Eltern zuzugehen, denn viele möchten sich **engagieren** und müssen lediglich aus der Reserve gelockt werden.

Familienpatenschaften

Tipp 23

Beim Elternabend haben Sie die Eltern über die Situation der Flüchtlinge informiert (s. S. 50), beim Familienfrühstück haben sich einige Eltern schon kennengelernt (s. S. 53). Nun kann mit einer Familienpatenschaft ein weiterer Schritt getan werden, um die Integration zu fördern. Dies kann und darf natürlich nur auf freiwilliger Basis geschehen. Eine Familienpatenschaft kann unterschiedliche Ausmaße annehmen, je nachdem, welche Möglichkeiten, sich einzubringen, die Patenfamilie hat. Bevor Sie dieses Projekt starten, sollten Sie mit beiden möglichen Familien sprechen, ob Sie überhaupt dazu bereit sind. Natürlich ist eine Familienpatenschaft nicht nur für Flüchtlingsfamilien sinnvoll, sondern für alle Familien, die noch Unterstützung brauchen, um in Deutschland zurechtzukommen.

Spendenkiste

Tipp 24

Viele Familien sind bereit zu helfen, wissen aber nicht, wie. Eine einfache Möglichkeit ist es, eine Spendenkiste einzurichten. In diese können die Eltern Kleidung, aus der ihre Kinder herausgewachsen sind, und Spielzeug, mit dem nicht mehr gespielt wird, legen. Bedürftige Eltern können sich bei den Erzieherinnen melden und die Spenden können dann denjenigen gegeben werden, die sie wirklich brauchen.

Viele Kitas organisieren im Frühjahr und im Herbst Basare, auf denen Kinderkleidung verkauft wird. Oft bringen die Eltern wäschekörbeweise Kleidung und holen sie nach dem Ende des Basars wieder ab. Da nicht immer so viel verkauft wird, wie sich die Eltern erhoffen, sind manche eher frustriert, wenn sie die Wäschekörbe voller Kleidung wieder mit nach Hause nehmen müssen. Stellt man die Spendenkiste am Ende des Basars auf, wenn die Eltern ihre Ware wieder abholen, wird die Spendenkiste besonders schnell voll, da einige Eltern dann doch lieber etwas dalassen, als es wieder mit nach Hause zu nehmen.

Familienfrühstück

Tipp 25

Laden Sie an einem Samstagvormittag zum unkomplizierten, schnell organisierten Familienfrühstück ein. Dies ist weniger aufwändig als ein Kindergartenfest. Es erfordert keine Programmgestaltung, kein Schmücken der Kita, sondern lediglich das Verteilen der Einladung und das Aushängen einer Liste, in der die Eltern eintragen können, wer was mitbringt. Wenn Sie mehrere Gruppenräume haben, bietet es sich an, in einem Raum ein Buffet aufzubauen, während im anderen Raum die Kinder spielen dürfen. Ein Zeitfenster von zwei Stunden (z. B. 9–11 Uhr) sollte dabei ausreichen. Den Umbau von Tischen können die Eltern mitorganisieren. Sind alle anwesend, kann eine sehr kurze Vorstellungsrunde dazu beitragen, dass Hemmungen abgebaut werden, weil man Namen und Gesichter bereits miteinander verbinden kann.

Machen Sie das Familienfrühstück zum festen Bestandteil Ihrer Kita-Arbeit und bieten Sie es mindestens zweimal pro Jahr an, so können Kontakte gepflegt und eventuell wieder neu belebt werden.

Multikulturelles Sommerfest

Tipp 26

In vielen Einrichtungen finden in regelmäßigen Abständen Sommerfeste oder Ausflüge statt. Die Sommerfeste haben oft ein Motto, z. B. „Rund um die Welt". Die Erzieherinnen basteln, bereiten Stationen vor, die Eltern backen und kochen. Das Fest ist schön, alle freuen sich. Leider wird oft die Chance verpasst, durch die gezielte Ansprache der ausländischen Eltern einen Beitrag zur Völkerverständigung zu leisten. Gehen Sie direkt auf die Eltern Ihrer Kita-Kinder zu und fragen Sie nach, ob diese neben einem kulinarischen Beitrag nicht vielleicht auch Spiele aus ihrer Heimat vorstellen möchten, an einer Station mit den Kindern einfache Bastel- oder Handarbeiten machen oder auf einem Plakat oder per Beamer und Leinwand Bilder von zu Hause zeigen möchten. In manchen ausländischen Kulturvereinen gibt es Volkstanzgruppen, in denen vielleicht die Eltern oder größere Geschwister mitmachen. Nutzen Sie die Chance, die ausländischen Kinder und Familien mit ihren Stärken in den Mittelpunkt zu stellen und geben Sie den deutschen Eltern Grund, um mit den ausländischen Eltern über deren Heimatländer und Kultur ins Gespräch zu kommen.

Tipp 27

Mitmachaktionen für Eltern

In vielen Kitas wird Eltern, die sich freiwillig engagieren möchten, die Möglichkeit geboten, beispielsweise eine vorhandene Bücherei einmal pro Woche oder einmal im Monat während der Kita-Zeit zu öffnen. Auch zu Basteltagen und Frühstücksaktionen wird die Hilfe von Eltern benötigt, die diese oft gerne geben. Ausländische Eltern sieht man dabei jedoch seltener. Dies kann bei Aktionen wie dem Öffnen der Bücherei einfach an der Sprachbarriere liegen.

Versuchen Sie daher, einfache Aktionen anzubieten, bei denen sich auch ausländische Eltern mit geringen Sprachkenntnissen beteiligen können. Sprechen Sie die Eltern gezielt an, eventuell auch unter Zuhilfenahme eines Dolmetschers oder des dazugehörigen Kita-Kindes, und bitten Sie um Mithilfe. Haben die Eltern erst einmal Vertrauen gefasst und gemerkt, dass diese Mitmachaktionen auch für sie gewinnbringend sind, weil sie ein Stück Integration schaffen und die Eltern als „normalen" Teil der Kita ansehen, wird die nächste Aktion mit Sicherheit von noch mehr Eltern angenommen werden.

Beispiele für Mitmachaktionen, bei denen die Eltern über keine großen Deutschkenntnisse verfügen müssen, sind:

- Frühstücksaktionen, bei denen mehrere Mütter gemeinsam mit einzelnen Kindern das Frühstück für die Kita-Gruppe zubereiten
- gemeinsames Plätzchenbacken mit den Kindern
- gemeinsames Kaffeetrinken mit und ohne Kinder
- Besuchsvormittage, bei denen die Eltern einmal einen kompletten Vormittag in der Kita verbringen und auch Fingerspiele und Lieder kennenlernen oder welche aus ihrer Kultur vermitteln können.

Tipp 28

Mehrsprachigkeit zu Hause zulassen und fördern

Bei vielen Erzieherinnen und auch Eltern bestehen Zweifel, wie man richtig mit der Mehrsprachigkeit umgehen soll. Im Kita-Alltag kann es als störend empfunden werden, wenn Kinder untereinander in ihrer Herkunftssprache sprechen, die andere Kinder und die Erzieherinnen nicht verstehen. Manchmal wird sogar geraten, dass die Eltern auch zu Hause mit den Kindern nur Deutsch sprechen sollen, damit diese gut Deutsch lernen.

Sprachentwicklungs- und Sprachförder-Experten sehen dies anders. Sie weisen darauf hin, dass die Pflege aller Sprachen, mit denen das Kind in Berührung kommt (also Deutsch in der Kita und eine oder mehrere Herkunftssprachen zu Hause), für die Identitätsfindung des Kindes sehr wichtig ist und die Kinder allgemein weder verwirrt noch überfordert. Kinder, die mehrsprachig aufwachsen, lernen, zwischen den Sprachen zu switchen und haben damit Vorteile gegenüber einsprachig aufwachsenden Kindern.

Eltern sollen dazu ermutigt werden, die Herkunftssprache durch Vorlesen, Liedersingen und Fingerspieleaufsagen zu pflegen und auch in der Öffentlichkeit in der Herkunftssprache zu sprechen, um deren Bedeutung zu zeigen.

Internet-Empfehlung:
Die zwölfseitige Broschüre „In vielen Sprachen zu Hause" des Verbandes binationaler Familien und Partnerschaften ist in den Sprachen Arabisch, Bulgarisch, Englisch, Italienisch, Kurdisch, Polnisch, Russisch, Spanisch, Türkisch erhältlich. Sie können sie auf folgender Seite herunterladen oder als Printausgabe bestellen:
Link: www.mehrsprachigvorlesen.verband-binationaler.de/ (letzter Zugriff: 17.03.17)

Die Bedeutung des Vorlesens

Tipp 29

Die große Bedeutung des Vorlesens ist leider nicht allen Eltern geläufig. Ihnen dieses Wissen zu vermitteln, ist sehr schwierig, wenn man die Herkunftssprache der Eltern nicht spricht und sie nur wenig oder gar kein Deutsch verstehen. Im Internet findet man auf einer amerikanischen Website einen Flyer zum Thema „Vorlese-Tipps", der die Eltern darüber informiert, wie sie sinnvoll mit ihren Kindern Lesegewohnheiten pflegen können. Der Flyer ist ansprechend gestaltet. Er wird in mehreren Sprachen angeboten.
Der Flyer ist zu beziehen unter folgender Internet-Adresse: www.readingrockets.org/article/reading-tips-parents-multiple-languages#languages (letzter Zugriff: 04.07.18)

Unterstützung des Fördervereins

Tipp 30

In vielen Kitas gibt es Fördervereine, die unter anderem einkommensschwachen Familien finanzielle Unterstützung bieten, wenn beispielsweise Ausflüge anstehen, die die Eltern nicht bezahlen können.

Der Förderverein könnte sich auch um Folgendes bemühen:

- Finanzielle Beteiligung bei der Anschaffung von Brotdosen mit dem Kita-Logo: Eine solche Brotdose kann zu Beginn der Kita-Zeit jedem neuen Kind überreicht werden.
- eine Lehrkraft finanzieren, die einen Sprachkurs für Eltern anbietet
- Kaffee, Kuchen und andere Getränke beim Elterncafe finanzieren
- Informationsabende mit speziellen Themen für deutsche Eltern (z. B. Flüchtlinge) und für ausländische Eltern (z. B. Hilfsangebote, multikulturelle Vereine etc.) anbieten, die in den Räumen der Kita stattfinden; dazu können verschiedene Referenten eingeladen werden
- finanzielle Unterstützung einkommensschwacher Familien, z. B. bei Kita-Ausflügen

Tipp 31

Hilfen für den Umgang mit traumatisierten Kindern

Wenn Flüchtlingskinder in die Kitas kommen, kann ihnen die Eingewöhnung leichtfallen oder die Kinder bleiben auch nach einer längeren Zeit verschlossen, abwehrend und zurückgezogen. Die Erzieherinnen merken, dass etwas nicht stimmt, sind aber in den meisten Fällen nicht dafür ausgebildet, mit traumatisierten Kindern angemessen umzugehen.

Hier ist es wichtig, dass Fachleute zurate gezogen werden, die Anzeichen richtig deuten können und weiterhelfen.

In Niedersachsen gibt es die Telefonsprechstunde für pädagogische Fachkräfte, die im Umgang mit Flüchtlingskindern und deren Familien Hilfe benötigen. Auf dem Flyer von nifbe (Niedersächsisches Institut für frühkindliche Bildung und Entwicklung) und ntfn (Netzwerk für traumatisierte Flüchtlinge in Niedersachsen e.V.) finden sich Sprechzeiten und Ansprechpartner. Auf der Internetseite www.ntfn.de finden Sie den Flyer und weitere Informationen unter der Rubrik „Fachinfo“. Das Angebot soll individuelle Hilfen ermöglichen und u. a. Fragen zu folgenden Themen beantworten:

- Therapeutische Hilfen für Kinder: Ab wann sind sie notwendig und an wen können sich Eltern wenden?
- Unterstützungsmöglichkeiten für Kinder anbieten
- Aufenthaltsstatus eines Kindes
- Aufsuchen von Dolmetschern oder Dolmetscherinnen

Das Angebot ist kostenfrei.

Tipp 32

Dolmetscher und Familienpaten einbeziehen

In vielen Kommunen haben sich 2015 Ehrenamtliche zusammengeschlossen, um Flüchtlingen bei der Eingliederung in Deutschland zu helfen. Diese haben persönliche Beziehungen zu den Familien, die sie betreuen, aufgebaut und wissen, welche Besonderheiten und Bedürfnisse die Kinder und ihre Familien haben.

In anderen Familien, die vielleicht schon länger hier leben oder die nicht als Flüchtlinge nach Deutschland kamen und keine ehrenamtlichen Helfer an ihrer Seite haben, gibt es aber durchaus Verwandte oder Bekannte, die schon länger in Deutschland leben und Deutsch sprechen.

Nutzen Sie die Ressourcen und bemühen Sie sich darum, Kontakt zu den ehrenamtlichen Helfern oder Verwandten und Bekannten, die als Dolmetscher einspringen können, zu bekommen.

Bauen Sie ein Netz von Menschen mit unterschiedlichen Sprachkenntnissen auf, sodass Sie auf diese zurückgreifen können, wenn z. B. Familien zur Anmeldung in die Kita kommen, die keinen Dolmetscher mitbringen. Auch bei Feiern und Festen können die Dolmetscher und Familienpaten eingeladen werden. Die Kita wird so noch mehr zum Ort der Begegnung. Der multikulturelle Austausch wird erleichtert und alle Seiten gewinnen dadurch.

Kapitel 4:

Tipps zur Integration

Zum Einstieg

Das Wort **„Integration"** kommt aus dem Lateinischen und bedeutet Eingliederung/Einbindung/Zusammenführung. Für den Kita-Alltag bedeutet die Integration von ausländischen Kindern, dass sie durch **gezielte Maßnahmen** befähigt werden, ein gleichberechtigter **Teil der Gemeinschaft** zu sein. Neben der Überwindung der sprachlichen Barriere gibt es weitere Grenzen, die gesprengt werden müssen, damit die Kinder (und ihre Familien) sich dazugehörig fühlen. Die Grenzen sind dabei nicht nur bei den ausländischen Familien, sondern ebenso bei den deutschen Familien zu sehen. Integration bedeutet eben nicht, dass die ausländischen Familien ihre Herkunft verleugnen und „deutsch" werden sollen. Es bedeutet vielmehr, dass sie Ihre ausländische **Identität** mit deutschen Elementen ergänzen. Integration verlangt auf der anderen Seite von den deutschen Kita-Erzieherinnen und den deutschen Kindern und Eltern, dass sie eine veränderte Realität wahr- und annehmen und Elemente der ausländischen **Kultur** in den Kita-Alltag integriert werden. Ein Verleugnen und Ausgliedern der fremden Kultur führt nicht zu Integration, sondern zu Separation. Den ausländischen Kindern ist nicht geholfen, wenn sie sich als zwiespältig erleben. Vormittags leben und sprechen sie in der Kita deutsch, nachmittags leben und sprechen sie in ihrer Herkunftskultur. Im besten Fall fühlen sie sich dann **in beiden Welten zu Hause**, erleben diese aber als gegensätzlich und voneinander isoliert. Im schlechtesten Fall entscheiden sie sich für eine Kultur und lehnen die andere ab. Unsere Kultur wird kurz- und langfristig nur gewinnen, wenn wir es den ausländischen Kindern und Familien ermöglichen, ihre Herkunftstraditionen weiterhin zu pflegen und in unsere Kultur zu integrieren. Beispiele für eine gelungene Integration sind Pizza und Döner, die deutlich als nicht ursprünglich deutsche Speisen gesehen werden, aber zum Leben in Deutschland unbestritten dazugehören.

Tipp 33

Viele Sprachen in der Kita zulassen

Für die Identitätsbildung ist es wichtig, dass Kinder, die Deutsch neu lernen, auch ihre Herkunftssprache benutzen dürfen. Ein Verbot, die Herkunftssprache in der Kita, z. B. mit anderen Kindern, die dieselbe Sprache sprechen, zu benutzen, führt nicht dazu, dass die Kinder besser und schneller Deutsch sprechen. Es besteht eher die Gefahr, dass sich Parallelgesellschaften bilden und die Kinder sich in ihrer Identität als zwiegespalten und zwischen den Kulturen stehend erleben: In der Kita eher deutsch, zu Hause eher „ihrer Kultur entsprechend".

Um dies zu verhindern, sollten Kinder in der Kita auch in ihrer Herkunftssprache sprechen dürfen. Erzieherinnen sollten sich interessiert an der fremden Sprache zeigen und nachfragen, was das Kind gesagt hat. So werden die fremde Sprache und damit das Kind, das sie spricht, nicht herabgewürdigt, sondern wertgeschätzt. Deutsch sprechende Kinder erhalten darüber hinaus einen Einblick in die fremde Sprache und Kultur und die Chance, ein Interesse für fremde Sprachen zu entwickeln.

„Guten Tag" international

Zur Integration gehört, wie im Vorspann zu diesem Kapitel beschrieben, auch, dass ausländische Elemente in die deutsche Kultur einbezogen werden. Ein einfaches Beispiel ist der Gruß beim Hinbringen und Abholen. Es bedarf keiner großen Anstrengung, sich den Gruß aus den Herkunftsländern der Kita-Kinder anzueignen. Den ausländischen Eltern, die mit Ängsten und Vorbehalten ihr Kind das erste Mal in die Kita bringen und selbst kaum Deutsch sprechen, wird es aber enorm helfen, wenn man ihnen entgegenkommt und sie in zwei Sprachen begrüßt (z. B. „Guten Tag – Merhaba").

Starten Sie eine Begrüßungsrunde mit den Kindern zu Beginn des Kita-Tages. Sprechen Sie alle Sprachen, die Ihre Kita-Kinder zu Hause sprechen. Je nach Temperament der Kinder können diese in ihrer Herkunftssprache die anderen Kinder begrüßen und sie antworten mit allen gemeinsam.

Wechseln Sie ab und begrüßen Sie an verschiedenen Tagen in unterschiedlichen Sprachen oder singen Sie ein Guten Morgen-/Guten Tag-Lied, das verschiedene Sprachen berücksichtigt. Hierbei können auch Sprachen vorkommen, die nicht als Familiensprache in der Kita vorkommen. Beziehen Sie die ausländischen Kinder mit ein und machen Sie den Kita-Alltag multikulturell-bunt. Auf **S. 59** finden Sie die Begrüßung „Guten Tag" in verschiedenen Sprachen.

„Guten Tag" international

Afrikaans	Goeiedag
Albanisch	Mirëdita
Arabisch	سلام (Salam)
Bosnisch	Dobar dan
Bulgarisch	добър ден (Dóbăr den)
Chinesisch	你好 (Nǐhǎo)
Englisch	Hello/Good day
Französisch	Bonjour
Griechisch	καλημέρα (Kalimera)
Italienisch	Buongiorno
Japanisch	今日は (Konnichi wa)
Kroatisch	Dobar dan
Kurdisch	Rojbaş
Persisch	روز بخیر (Ruuz bakheyr)
Polnisch	Dzień dobry
Rumänisch	Bună ziua
Russisch	Добрый день (Dobrii den)
Serbisch	Добар дан (Dobar dan)
Tschechisch	Dobrý den
Türkisch	Merhaba

Spielenachmittage und offene Spielzeiten

Tipp 35

Wenn Menschen miteinander spielen, müssen sie zwangsläufig auch miteinander kommunizieren. Spielen findet in angenehmer, lockerer Atmosphäre statt und bietet somit eine hervorragende Gelegenheit, Sprache kennenzulernen und miteinander ins Gespräch zu kommen.

Laden Sie die Eltern Ihrer Kita-Kinder zu einem Spielenachmittag ein. Sie haben dort die Gelegenheit, mit ihren Kindern zusammen eine angenehme Zeit zu verbringen, und die Spiele, die ihre Kinder in der Kita spielen, kennenzulernen. Dies gibt Anregungen für zu Hause.

Sinnvoll kann es sein, wenn Sie vorstrukturieren und etwas lenken, indem Sie an verschiedenen Tischen unterschiedliche Spiele (maximal 4 pro Nachmittag) aufbauen. Die Eltern wandern, zeitlich begrenzt, von einem Spieltisch zum anderen und lernen so die unterschiedlichen Spiele kennen. Die Kinder können Sie, je nach Alter und Sprachfähigkeit, als Helfer einsetzen, die die Spielstationen betreuen und den Eltern die Spiele erklären. Natürlich ist es auch möglich, dass Sie die Spiele freigeben und die Kinder ihren Eltern diejenigen Spiele beibringen, die sie am liebsten spielen. Achten Sie darauf, dass die Eltern nicht zu viele Spiele auf einmal kennenlernen müssen, weil es dann verwirrend werden kann. Bieten Sie lieber häufiger einen Spielenachmittag oder auch eine offene Spielzeit an, in der die Eltern, z. B. bevor Sie die Kinder abholen, die Möglichkeit nutzen können, um mit ihren Kindern in der Kita zu spielen.

Spiele aus anderen Ländern

Tipp 36

Um wahre Integration zu leben, müssen auch Elemente der fremdländischen Kultur in die deutsche mit aufgenommen werden. Spiele aus anderen Ländern zu spielen, stellt eine Erweiterung und Bereicherung des Spielespektrums dar. Für Flüchtlings-und Migrantenkinder bietet es die Möglichkeit, an Gewohntes und Bekanntes anzuknüpfen. Sie können, sofern es ihre sprachlichen Möglichkeiten erlauben, auch dazu herangezogen werden, die Spielregeln zu erklären. In jedem Fall sollten Sie, wenn Sie das Spiel mit den Kindern spielen, auch darauf hinweisen, aus welchem Land das Spiel kommt. Beispiele für Spiele aus anderen Ländern finden Sie auf den Folgeseiten **(S. 61/62)**.

Spiele aus anderen Ländern (1/2)

Torwächter (Afghanistan)

Bei diesem Spiel stellen sich alle Spieler breitbeinig in einem Kreis auf. Jeder berührt dabei mit seinen Füßen die des Nachbarn. Ein Spieler, der Torwächter, steht in der Mitte und versucht, einen kleinen Ball durch die Beine eines Spielers zu rollen. Die Spieler im Kreis dürfen die Beine schließen, um zu verhindern, dass der Ball durchrollen kann. Wer das nicht schafft, scheidet aus. Das Spiel ist beendet, wenn alle Spieler ausgeschieden sind.[18]

Herumwirbeln (Syrien)

Ein Spieler prellt einen Ball auf den Boden und dreht sich einmal um sich selbst, bevor er den Ball wieder auffängt. Gelingt es ihm, den Ball aufzufangen, bevor dieser ein weiteres Mal den Boden berührt, bekommt der Spieler einen Punkt.
Nun ist der nächste Spieler dran.
Die Spieler können gegeneinander spielen, wer die meisten Punkte hat, hat gewonnen.[19]

Steine-Mikado (Türkei)

Das Spiel wird wie das bekannte Mikado gespielt, mit dem Unterschied, dass anstelle von Holzstäben Steine aufeinandergeschichtet werden. Der erste Spieler versucht, möglichst viele Steine abzuheben, ohne dass ein anderer Stein sich bewegt. Wackelt ein anderer Stein, ist der nächste Spieler dran.[20]

Fische fangen (Russland)

Die Kinder basteln im Vorfeld jeweils einen Fisch aus Pappe, dem sie ein Loch in die Schwanzflosse stanzen. Durch das Loch ziehen sie ein Stück Paketschnur, dessen Ende für das Spiel hinten in den Hosenbund gesteckt wird. Der Fisch schleift nun auf dem Boden hinter seinem Besitzer her. Markieren Sie ein Spielfeld in der Turnhalle oder im Außengelände.
Das Spiel beginnt und jeder versucht, auf den Fisch eines anderen Kindes zu treten und so viele Fische wie möglich zu fangen. Die Kinder, die keinen Fisch mehr haben, stellen sich an den Spielfeldrand. Die Kinder, die Fische gefangen haben, dürfen diese mit den Händen aufheben und mitnehmen. Das Kind, das als Erstes fünf Fische gefangen hat, hat gewonnen. Die Anzahl der Fische zum Gewinnen kann je nach Zielgruppe variieren. Schauen Sie, wie es für Ihre Zielgruppe am besten passt.

Spiele aus anderen Ländern (2/2)

Kartoffelrennen (Großbritannien)

Die Spieler bekommen jeweils einen Korb, der neben ihnen an der Startlinie steht. Vor den Kindern liegen in gleichmäßigen Abständen Kartoffeln auf dem Boden, die die Kinder so schnell wie möglich einsammeln sollen. Beim Startzeichen rennen die Kinder los, sammeln eine Kartoffel ein, legen sie in ihren Korb und rennen wieder los, um die nächste Kartoffel zu holen.
Wer als Erstes alle Kartoffeln eingesammelt hat, hat gewonnen.
Bei einer großen Kinderzahl bietet es sich an, das Spiel als Staffel zu spielen.

Stampfkartoffel (Polen)

Das Spiel wird in der Kleingruppe mit maximal acht Spielern gespielt. Die Spieler stellen sich um einen Tisch herum. Jeder positioniert eine Faust mit dem Daumen nach oben auf der Tischplatte. Die andere Hand wird genauso auf die erste gestellt. Die beiden Hände stellen das Stampfholz dar. Um ein großes Stampfholz zu bekommen, rücken die Spieler näher zusammen und setzen ihre „Stampfhölzer" aufeinander. Die Spieler stampfen rhythmisch auf den Tisch und singen dabei: „Stampfkartoffel, Stampfkartoffel, eine Hand muss weg." Die unterste Hand wird weggezogen und oben wieder draufgesetzt.
Das Spiel ist zu Ende, wenn das große Stampfholz auseinanderbricht.[21]

Der magische Stock (Frankreich)

Alle Spieler sitzen im Kreis. Während ein Lied gesungen wird oder Musik läuft, wird ein Stock reihum weitergegeben. Ist das Lied zu Ende oder die Musik wird gestoppt, steht das Kind, das den Stock in diesem Moment in der Hand hält, auf, stellt sich in den Kreis und stellt pantomimisch etwas dar, was man mit dem Stock machen kann (z. B. kehren). Die anderen Kinder müssen die Tätigkeit erraten. Danach wird das Spiel wie beschrieben weitergespielt.[22]

Jäger und Gejagte (Albanien)

Es werden zwei Gruppen gebildet: die Jäger und die Gejagten. Die Jäger zählen bis zehn, bevor sie jagen dürfen. In dieser Zeit müssen die Gejagten sich entfernen. Fängt ein Jäger einen Gejagten, muss er ihn wiederum zehn Sekunden festhalten. In dieser Zeit darf der Gejagte versuchen, sich zu befreien. Gelingt ihm das nicht, muss er sich an einer Mauer so aufstellen, dass seine Hände die Mauer berühren, zwischen ihm und der Mauer aber noch Platz ist, damit ein Kind unten durchkriechen kann. Gejagte können die Gefangenen befreien, indem sie zwischen Mauer und Kind durchkriechen.
Das Spiel ist beendet, wenn alle Gejagten gefangen wurden. Danach können die Rollen getauscht werden.[23]

Tipp 37

Verkehrstraining

Verkehrstraining ist für alle Kinder überlebenswichtig. Flüchtlings- und Migrantenkinder haben in ihrer Heimat unter Umständen in dörflichen/weniger entwickelten Regionen oder aber in Großstädten gelebt und sind mit den deutschen Straßenverhältnissen nicht vertraut. Es ist daher wichtig, dass Sie mit den Kindern ein intensives Verkehrstraining machen. Dazu gehören das Verhalten am Zebrastreifen, an der Ampel, beim Überqueren der Straße ohne Zebrastreifen und Ampel und das Hinweisen auf Fahrradwege. Das Verkehrstraining sollte in der unmittelbaren Umgebung der Kita stattfinden, denn dies ist der Bereich, den die Kinder jeden Tag betreten, wenn sie zur Kita kommen und von da aus wieder nach Hause gehen. Indem Sie die Kinder mit den deutschen Straßenverhältnissen vertraut machen, helfen Sie auch den Eltern, die die Kinder zur Kita bringen und wieder abholen und sonst eventuell wenig Möglichkeit haben, eine Unterweisung zu erhalten.

Internet-Empfehlung:
Der Allgemeine Deutsche Fahrrad-Club gibt Flyer mit den wichtigsten Verkehrsregeln in Albanisch, Arabisch, Deutsch, Englisch, Farsi, Französisch, Italienisch, Kurdisch, Russisch, Spanisch, Tigrinja und Türkisch heraus. Diese können für die Eltern interessant und wichtig sein. Die Flyer können kostenlos heruntergeladen werden unter: www.adfc-muenchen.de/adfc-muenchen/arbeitsgruppen/asyl/ (letzter Zugriff: 27.02.17)

Tipp 38

Umgebung erkunden

Mit dem Verkehrstraining hängt auch die Erkundung der Umgebung zusammen. Je nachdem, wie viel Zeit zwischen der Einreise nach Deutschland und dem ersten Tag in der Kita vergeht, kann es sein, dass die Kinder und Eltern sich noch nicht in ihrem neuen Heimatort zurechtgefunden haben, wenn die Kinder in der Kita ankommen. Verfügen die Mütter über keine oder nur geringe Deutschkenntnisse und fehlen Lesekenntnisse (man bedenke, dass in einigen Herkunftsländern die Mädchen nicht zur Schule gehen durften und dass beispielsweise das Arabische ein komplett anderes Alphabet hat), können Sie auch hier wieder der gesamten Familie eine große Integrationshilfe leisten, wenn Sie bei den Kindern anfangen und diese mit ihrer Umgebung vertraut machen. Dies schließt beispielsweise ein, dass Sie mit den Kindern Spielplätze in der Nähe der Kita besuchen oder mit ihnen einkaufen gehen. Tun Sie dies häufiger, orientieren sich die Kinder im neuen Wohnort, verinnerlichen die Abläufe, lernen das Angebot des Supermarktes und die Platzierung der Waren kennen und können so ihren Müttern bei der Orientierung im Ort und beim Einkaufen helfen. Ergänzend können Sie neue Eltern auch dazu einladen, Sie und die Kinder bei der Erkundung zu begleiten. So lernen Kinder und Eltern gleichzeitig und gemeinsam die neue Umgebung kennen.

Tipp 39

Ausländische Lieder singen

Singen macht Kindern Spaß und weckt positive Emotionen. Lieder mit deutschem Text zu singen, unterstützt das Deutschlernen. Lieder in anderen Sprachen und aus anderen Ländern zu singen, fördert die Offenheit aller Kinder aufgrund der positiven Gefühle. Für ausländische Kinder ist es besonders schön, wenn sie als Experten für ihre Sprache herangezogen werden und erfahren, dass sie mit ihrer Herkunftssprache willkommen sind und diesen Teil ihrer Persönlichkeit nicht verstecken müssen. Laden Sie Kinder und Eltern ein, Lieder aus Ihrer Heimat mit der Gruppe zu singen. Sie können auch selbst Lieder in den Sprachen auswählen, die Ihre Kita-Kinder zu Hause sprechen, und beim Einüben der Lieder auch erwähnen, aus welchem Land diese Lieder stammen. Lieder aus anderen Ländern findet man in Büchern und im Internet.

Internet-Empfehlung:

- In der interkulturellen Liederfibel „Willkommen in Niedersachsen" werden acht fiktive Kinder u. a. aus Afghanistan, Albanien, Russland und Syrien in kurzen Steckbriefen vorgestellt. Zusätzlich gibt es jeweils ein Lied, dessen Text zweisprachig wiedergegeben wird.
  Link: www.migrationsbeauftragte-niedersachsen.de/?page_id=4999 (letzter Zugriff: 27.02.17)
- Auf der Internetseite von Labbé im Bereich „Liederbaum" findet man Lieder aus anderen Ländern mit Text und Melodie und kann sich diese auch anhören.

Tipp 40

Bekannte Kinderlieder in verschiedenen Sprachen singen

Bekannte Kinderlieder in anderen Sprachen zu singen, ermöglicht allen Kindern einen ersten Zugang zu fremden Sprachen. Darüber hinaus freuen sich die ausländischen Kinder, dass ihre Herkunftssprache aufgenommen und wertgeschätzt wird. „Bruder Jakob" ist z. B. eines der Lieder, deren Text in vielen Sprachen vorliegt. Die Melodie ist allseits bekannt. Die jeweilige Aussprache kann man sich für einige Sprachen z. B. auf Youtube anhören oder Eltern bitten, das Lied vorzusingen. (Vorsicht ist jedoch gerade bei „Bruder Jakob" geboten, denn man findet im Internet in ein und derselben Sprache unterschiedliche Texte. Hier ist es sinnvoll, mit den Eltern oder Dolmetschern zu sprechen und zu fragen, welche Version denn tatsächlich im jeweiligen Land gesungen wird.) Weitere Lieder, die es in mehreren Sprachen gibt, sind z. B. das englische „Head, Shoulders, Knees and Toes", das französische „Alouette" sowie viele traditionelle Weihnachtslieder.

Tipp 41

Namenstag feiern

Andere Länder, andere Sitten: In einigen ärmeren Ländern der Welt werden Kinder auch heute noch nach ihrer Geburt nicht standesamtlich registriert. Da die Eltern den Geburtstag der Kinder nicht kennen, wird er auch nicht, wie bei uns, gefeiert. In sehr katholischen Ländern in Südeuropa (z. B. Griechenland und Italien) und Osteuropa (z. B. Polen und Lettland) ist der Namenstag wichtiger als der eigentliche Geburtstag. Am Namenstag wird eines Heiligen gedacht, nach dem das Kind benannt wurde.
Erkundigen Sie sich bei den Kindern und Eltern, ob der Geburtstag oder der Namenstag in der Familie gefeiert wird. Vielleicht haben Sie auch mehrere Kinder, die denselben oder einen ähnlichen Namen haben. Diese können dann gemeinsam feiern.

Tipp 42

Interkultureller Kalender

In einem interkulturellen Kalender werden nicht nur die christlichen Feiertage aufgeführt, sondern auch Feiertage aus den anderen vier Weltreligionen (Islam, Hinduismus, Buddhismus, Judentum) und weitere Gedenktage. Im Internet finden sich verschiedene Adressen, die interkulturelle Kalender anbieten. Diese unterscheiden sich in ihrer Aufmachung und Übersichtlichkeit. Ob einer der Kalender Sie anspricht und zu den Kindern in Ihrer Institution passt oder ob Sie sich lediglich anregen lassen und selbst die Festtage in Ihren „normalen" Kalender übertragen, bleibt selbstverständlich Ihnen überlassen.
Sinnvoll ist es, sich bei den Eltern Ihrer Kita-Kinder zu erkundigen, welche Festtage sie begehen und wie sie dies tun. Vielleicht ergibt sich die Möglichkeit, dass Eltern am Festtag ihre Bräuche in der Gruppe zelebrieren oder dass die Kinder Fotos und religiöse Gegenstände von Familienfeiern mitbringen und den anderen vorstellen.

Internet-Empfehlung:
Unter folgenden Adressen finden Sie interkulturelle Kalender:

- www.bamf.de/SharedDocs/Anlagen/DE/Downloads/Infothek/Sonstige/interkultureller-kalender-2017_pdf.html) (letzter Zugriff: 27.02.17)
- www.berlin.de/lb/intmig/service/interkultureller-kalender/ (letzter Zugriff: 17.03.17)

Literatur-Empfehlungen:

- Hintergrundinformationen zu siebzig Festen weltweit finden Sie außerdem in dem Buch: Claudia Emmendörfer-Brößler (2012): Feste der Welt – Welt der Feste: Ein interkulturelles Lesebuch. VAS Verlag.
- Ein Kinderbuch zu diesem Thema ist: Matthias Mala; Hildegard Müller (1996): Kinderfeste aus aller Welt. Arena Verlag. Hierin werden religiöse und weltliche Feste aus aller Welt vorgestellt, mit schönen Bildern, Geschichten, Bastelanleitungen und Liedern versehen.

Tipp 43

Verse in verschiedenen Sprachen

Durch Fingerspiele und Verse bekommen die Kinder einen spielerischen Zugang zur Sprache. Die Bewegungen und der melodische Singsang sorgen für eine angenehme Atmosphäre und dafür, dass die Worte gut eingeprägt werden.
Neben den deutschen Versen und Fingerspielen sollten auch Verse und Fingerspiele in anderen Sprachen, vor allem in den Muttersprachen der Kinder, die Ihre Kita besuchen, angeboten werden. Verse in verschiedenen Sprachen findet man auf einigen Internetseiten.

Auf den folgenden Seiten **(S. 67–70)** finden Sie Verse in unterschiedlichen Sprachen, jeweils mit der deutschen Übersetzung. Wählen Sie Verse in den Sprachen aus, die die Kinder in Ihrer Kita sprechen. Wenn Sie sich wegen der Aussprache nicht sicher sind, bitten Sie doch einfach die Mütter der ausländischen Kinder um Hilfe.

Tipp 44

Mehrsprachigkeit in Kinderbüchern

Dass Vorlesen ein hervorragendes Mittel ist, um eine Sprache zu erlernen, ist allseits bekannt. Über Bilderbücher finden schon die Kleinsten und Kinder mit geringsten Deutschkenntnissen Zugang zur deutschen Sprache und verstehen durch die Unterstützung der Bilder und das wiederholte Vorlesen desselben Buches Sprache immer besser. Um das Verständnis für die ausländischen Kinder noch mehr zu unterstützen, die Fremdsprache wertzuschätzen und den deutschen Kindern das Erleben der fremden Sprache zu ermöglichen, bietet es sich an, zweisprachige Kinderbücher vorzulesen. Diese gibt es bei Verlagen wie z. B. TALISA, Edition bi:libri und Anadolu.
Um mehrsprachig vorzulesen, sind Sie auf die Hilfe von Muttersprachlern angewiesen. Dies können z. B. Eltern sein. Vielleicht finden sich aber auch andere Vorleser aus dem Umfeld der Kita.

Internet-Empfehlung:

- Der Verband binationaler Familien und Partnerschaften gibt einen Flyer heraus, der ausländische Mitbürger aufruft, sich als Vorleser zur Verfügung zu stellen.
  Link: www.mehrsprachigvorlesen.verband-binationaler.de (letzter Zugriff: 27.02.17)
- Eine weitere Möglichkeit, durch Kinderbücher integrativ zu wirken und die interkulturelle Kompetenz aller Kinder zu stärken, besteht darin, Kinderbücher auszuwählen, die das Leben von Kindern in anderen Kulturen darstellen. Eine Übersicht über 140 Bücher für Kinder von 0–12 Jahren bietet die Broschüre „Interkulturelle Kinderbücher – Erläuterungen und Empfehlungen". Sie ist ebenfalls über den Verband Binationaler Familien und Partnerschaften zu beziehen.
  Link: www.verband-binationaler.de/index.php?id=559 (letzter Zugriff: 27.02.17)
- Unter www.eene-meene-kiste.de/eene-meene-kiste.pdf (letzter Zugriff: 01.03.17) findet man eine weitere Zusammenstellung von interkulturellen Kinderbüchern. Das Interkulturelle Buchprojekt „Eene-Meene-Kiste" in Bremen verleiht Bücherkisten mit interkulturellen Büchern an Kitas.

Verse in verschiedenen Sprachen (1/4)

Albanisch

Flutura fluturoj[24] (Der Schmetterling fliegt)

Albanisch	Aussprache	Deutsch
Flutura fluturoj	Flutura fluturoj	Der Schmetterling fliegt,
Një letër na e dërgoj.	Njö letör na e dörgoj	schickt uns einen Brief.
N'letër kishte shkruar,	N'letör kischte schkruar	In dem Brief steht,
Unë jam dashuruar.	Un jam daschuruar.	ich habe mich verliebt.

Arabisch (Syrien)

(Ja bah, ja bah Apfel essen)

Arabisch	Aussprache	Deutsch
يَا بَاحْ يَا بَاحْ يَا أَكْلِ التُّفَاحْ	Ja bah ja ba Ja akel attofah	Ja bah, ja bah Apfel essen.
إِجَا الْعَصْفُورْ لَيِتْوَضَّا لَقَى إِبْرَيقْ فِضَّهْ	Idscha alasfur lajtwadda Laa ebrik fidda	Kommt ein Vogel, um sich zu waschen. Er findet eine Silberkanne.
هَيْ مَلَعَقْتُهْ هَيْ شُوْكْتُهْ هَيْ سِكِّيْنْتُهْ هَيْ صَحْنُهْ وَهَيْ كَاسْتُهْ	Hei malakto Hei schukto Hei sikkinto Hei sahno Hei kasto	Das ist sein Löffel, das ist seine Gabel, das ist sein Messer, das ist sein Teller, das ist sein Becher.
دِبْ الليلهْ دِبْ الليلهْ دِبْ الليلهْ	Dibelälä dibelälä dibelälä	Dibelälä dibelälä dibelälä

[24] Beide Verse auf dieser Seite aus: Silvia Hüsler: Kinderverse in über 50 Sprachen. Mit Originaltexten, Aussprachehilfen, Übersetzungen und CD. 3. Aufl. 2017, Freiburg i. Br.: Lambertus-Verlag. S. 7; 10. Auf der beiliegenden CD zu diesem Buch sind alle Verse eingesprochen.

Verse in verschiedenen Sprachen *(2/4)*

Dari

Ku ku ku Barg-e Tschin-år (Ku, ku, ku, Ahornblatt)[25]

Dari	Aussprache	Deutsch
قو قو قو برگ چنار قو قو قو برگ چنار دخترا شیشته قطار میچینن دانه انار	Ku ku ku Barg-e Tschin-år[26] Ku ku ku Barg-e Tschin-år Duchtar-o schischta kat-år Mi-tschi-nan dan-e an-år	Ku, ku, ku, Ahornblatt Ku, ku, ku, Ahornblatt Die Mädchen sitzen in einer Reihe und pulen Kerne aus Granatäpfeln.
کاش که کفتر میبودم ده هوا پر میزدم او زمزم میخوردم	Kasch-keh kaftar mi buh dum Da awoh par mi sa dum Å-be sam-sam mi-chor-dum	Ich wäre so gerne eine Taube. Dann könnte ich durch die Luft fliegen und Wasser am Zamzam-Brunnen[27] trinken.
شیر گفت الا الا مه گفتم درد و بلا	Schir guft allo-allo Ma guf-tum dard-o ballo	Ein Löwe brüllte: „Raao, raao“, und ich sagte: „Ein Unglück soll dich treffen!“

Englisch

Two little birds[28] (Zwei kleine Vögel)

Englisch	Deutsch	Bewegungen
Two little dickie birds, sitting on a wall.	Zwei kleine Vögel, sitzen auf ’ner Mauer	Die Hände vor den Körper halten; die Handflächen zeigen zum Körper; beide Daumen sind aufgestellt
One named Peter, one named Paul.	Einer heißt Peter, einer heißt Paul.	Mit dem rechten Daumen wackeln; mit dem linken Daumen wackeln
Fly away Peter! Fly away Paul!	Flieg weg, Peter! Flieg weg, Paul!	Den rechten Daumen verstecken; den linken Daumen verstecken
Come back Peter! Come back Paul!	Komm zurück, Peter! Komm zurück, Paul!	Den rechten Daumen wieder auftauchen lassen; den linken Daumen wieder auftauchen lassen

[26] Å/å wird wie ein offenes O ausgesprochen, so wie in „Woche“.

[27] Der Zamzam-Brunnen befindet sich in der für Muslime heiligen Stadt Mekka.

Verse in verschiedenen Sprachen (3/4)

Französisch

Les pompiers[29] (Die Feuerwehrmänner)

Französisch	Deutsch	Bewegungen
Pin pon, pin pon, pin pon!	Tatütata! Tatütata!	Hände sind hinter dem Rücken und werden langsam hervorgeholt; beim Sprechen immer lauter werden
Bonjour.	Guten Tag.	Beide Daumen ausstrecken; die Daumen sehen sich an
Bonjour, nous sommes les capitaines des pompiers.	Guten Tag, wir sind die Feuerwehrchefs.	Daumen ausstrecken
Attention!	Achtung!	Zeigefinger dazu ausstrecken
En avant!	Nach vorne!	Mittelfinger dazu ausstrecken
En arrière!	Nach hinten!	Ringfinger dazu ausstrecken
Partez!	Los!	Hände ganz aufmachen; Finger ausstrecken
Pin pon, pin pon, pin pon!	Tatütata! Tatütata!	Beim Sprechen immer leiser werden; die Hände wieder langsam hinter den Rücken führen

Polnisch

W pokoiku na stoliku (Im Zimmerchen auf einem Tischchen)

Polnisch	Aussprache	Deutsch
W pokoiku na stoliku stało mleczko i jajeczko.	w pokojiku na stoliku stauo mletschko i jajetschko	Im Zimmerchen auf einem Tischchen, stand die Milch und lag ein Ei.
Przyszedł kotek, wypił mleczko i ogonkiem zbił jajeczko	pschysched kotek, wypiu mletschko i ogonkjem sbiu jajetschko	(Da) kam ein Kätzchen, trank die Milch aus und zerschlug mit dem Schwänzchen das Ei.
Przyszła pani, kotka zbiła a skorupki wyrzuciła.	pschyschua pani, kotka sbiua a skorupki wyschutschiua.	(Da) kam die Frau des Hauses, verscheuchte das Kätzchen und warf die Eierschalen fort.

Verse in verschiedenen Sprachen (4/4)

Russisch

Ехала белка на тележке[30] (Das Eichhörnchen auf dem Feldweg)

Russisch	Lautumschrift	Deutsch
Ехала белка на тележке	Ehala belka na telezhke	Das Eichhörnchen auf dem Feldweg,
раздавала всем орешки	Razdawala wsem oreschki	verteilt Haselnüsse.
кому два	Komu dwa	Wer will zwei?
кому три	Komu tri	Wer will drei?
выходи из круга ты.	Wihodi iz kruga ti	Wer aus dem Kreis geht, das bist du.

Türkisch

Pazara gidelim[31] (Wir wollen auf den Markt gehen)

Türkisch	Lautumschrift	Deutsch
Pazara gidelim Bir tavuk alalım	Pasara gidelim Bir tawuk alalem	Wir wollen auf den Markt gehen und ein Huhn kaufen.
Pazara gidip Bir tavuk alıp	Pasara gidip Bir tawuk alep	Auf dem Markt, was wollen wir machen,
Ne yapalım	Ne japalem	wenn wir ein Huhn kaufen?
Gıt gıt gıdak gıt gıt gıdak diyelim	Get get gedak get get gedak dijelim	Wir rufen: Get get gedak, get get gedak.
Hapır hupur şapır şupur yiyelim	Haper hupur schaper schupur jijelim	Wir essen: Haper hupur, schaper schupur.

[31] Aus: Silvia Hüsler: Kinderverse in über 50 Sprachen. Mit Originaltexten, Aussprachehilfen, Übersetzungen und CD. 3. Aufl. 2017, Freiburg i. Br.: Lambertus-Verlag. S. 72. Auf der beiliegenden CD zu diesem Buch sind alle Verse eingesprochen.

Kapitel 5:

Tipps für die Sprachförderung

Zum Einstieg

Kinder, die mit keinen oder geringen Deutschkenntnissen in die Kita kommen, benötigen eine zusätzliche **Sprachförderung**, die die übersteigt, die deutschsprachigen Kindern in der Kita zuteilwird. Bei der Implementierung der Sprachförderung in den Kita-Alltag sollte darauf geachtet werden, dass **alltägliche Abläufe** nicht gestört werden und die Kinder die Sprachförderzeiten nicht als negativ erleben, weil sie dann nicht bei ihren Freunden sein können. Erreicht werden kann dies beispielsweise, indem man die Sprachförderung in **Zeiten** legt, in denen keine besonderen Aktivitäten wie der Morgenkreis, das Spiel im Außengelände oder Projekte geplant sind.

Wenn man kürzere Zeiten (z. B. 10 Minuten pro Tag) vorsieht, dürfte es in den meisten Fällen kein Problem sein, die Kinder aus den Gruppen herauszuholen. Bei den folgenden Tipps handelt es sich hauptsächlich um **grundsätzliche Hinweise**, die beachtet werden sollten. Konkrete, themenspezifische Spielvorschläge finden Sie in den **Medientipps** **(S. 87)**.

Tipp 45

Patenschaften zwischen Kindern

Kinder im Vorschulalter können wunderbar als Helfer und Paten für Kinder, die kein Deutsch sprechen, eingesetzt werden. Innerhalb eines Vorschulkinderprojektes kann den Paten erklärt werden, wie sie den nicht Deutsch sprechenden Kindern helfen können, schneller Deutsch zu lernen. So können zunächst, z. B. am ersten Kita-Tag, beide Kinder miteinander fotografiert und das Foto aufgehängt werden. Das deutschsprachige Kind zeigt dem neuen Kind die Räumlichkeiten der Kita. Die Paten können eingesetzt werden, wenn Sprachförder-Spiele gespielt werden, sind Ansprechpartner für das neue Kind und nehmen dieses beispielsweise in den ersten Tagen mit zum Spielen.

Patenschaften zwischen Kindern

Tipp 45

Kinder im Vorschulalter können wunderbar als Helfer und Paten für Kinder, die kein Deutsch sprechen, eingesetzt werden. Innerhalb eines Vorschulkinderprojektes kann den Paten erklärt werden, wie sie den nicht Deutsch sprechenden Kindern helfen können, schneller Deutsch zu lernen.
So können zunächst, z. B. am ersten Kita-Tag, beide Kinder miteinander fotografiert und das Foto aufgehängt werden. Das deutschsprachige Kind zeigt dem neuen Kind die Räumlichkeiten der Kita. Die Paten können eingesetzt werden, wenn Sprachförder-Spiele gespielt werden, sind Ansprechpartner für das neue Kind und nehmen dieses beispielsweise in den ersten Tagen mit zum Spielen.

Fernsehen und Filme als Sprachförderer

Tipp 46

Das Fernsehen oder Filme, die in verschiedenen Sprachen angeboten werden, eignen sich dazu, die deutsche Sprache zu vermitteln oder den deutschen Kindern Begegnungen mit fremden Sprachen zu ermöglichen. Die meisten DVDs, die auf dem Markt erhältlich sind, lassen sich zumindest in Deutsch, Englisch und Französisch abspielen. Bei manchen DVDs sind auch andere Sprachen möglich. Hier bietet es sich beispielsweise an, Filme, die die Kinder bereits kennen („Die Eiskönigin“, „Ice Age“, „Cars“) mal in einer anderen Sprache anzusehen.
Wer auf neue Inhalte setzt, dem seien die fremdsprachigen Lach- und Sachgeschichten der „Sendung mit der Maus“ empfohlen. Es gibt sie in Arabisch, Kurdisch, Dari, Englisch und Französisch. Ausländische Kinder, die hier die Maus und den Elefanten in ihrer Sprache kennenlernen, gucken sich dann vielleicht auch zu Hause die Sendung auf Deutsch an.

Um Integration zu schaffen, sollten Sie nicht die fremdsprachigen Kinder separiert in ihrer Sprache gucken lassen, sondern fremdsprachige und deutschsprachige Kinder gemeinsam, sodass auch die deutschsprachigen Kinder Zugang zu anderen Sprachen haben. Wenn möglich, können Sie die Videos auch nacheinander in verschiedenen Sprachen abspielen und anschließend darüber sprechen, was die Kinder gesehen haben, was sie verstanden haben und was unklar geblieben ist. Es sollte jedoch weniger darum gehen, dass die Kinder den Inhalt der Filme behalten als darum, dass gemeinsam in verschiedenen Sprachen ferngesehen wird und die fremde Sprache im Sprachbad erlebt wird.
Die Maus-Videos gibt es auf der Seite:
www.wdrmaus.de/extras/maus_international.php5
(letzter Zugriff: 27.02.17)

Sprachförderanlässe im Alltag schaffen

Tipp 47

Kinder mit keinen oder geringen Deutschkenntnissen benötigen zusätzliche Sprachfördereinheiten, einzeln oder in Kleingruppen. Darüber hinaus sollte Sprachförderung aber ein Bestandteil des Alltags sein. Nutzen Sie, wann immer es sich ergibt, die Möglichkeit, Sprachförderung zu betreiben. Zeigen Sie auf die Dinge, über die Sie sprechen, erklären Sie mit Mimik und Gestik und benennen Sie möglichst oft die Gegenstände des Alltags.

Hier ein paar einfache Beispiele:

- Nennen Sie immer die Farbe eines Gegenstandes mit: „Gib mir bitte die BLAUE Schere."
- Sagen Sie statt „Wir gehen raus" lieber „Zieht eure Jacken und eure Gummistiefel an. Wir gehen raus".
- Machen Sie aufmerksam auf jahreszeitliche Besonderheiten und das Wetter: „Heute ist es aber schön warm. Es ist jetzt Frühling. Guck mal, dort oben scheint die Sonne und hier blühen die ersten Blumen."

Sprachvorbild sein

Tipp 48

Wenn Sie mit Kindern, die keine oder nur geringe Deutschkenntnisse haben, arbeiten, ist es ganz besonders wichtig, dass Sie sich bewusst sind, dass Sie als Sprachvorbild fungieren. Selbstverständlich sollen Kinder auch den Dialekt der Umgebung, in der sie aufwachsen, kennenlernen, verstehen und sprechen können. Dies geschieht aber auch im Alltag und in der Kommunikation mit Gleichaltrigen. Ihre Aufgabe besteht vielmehr darin, die hochdeutsche Sprache zu vermitteln, vor allem, wenn sie bewusst in Sprachfördereinheiten mit den Kindern zusammenarbeiten.

Als Sprachvorbild sollten Sie auf folgende Aspekte achten:

- Sprechen Sie hochdeutsch.
- Bemühen Sie sich um eine deutliche Aussprache. Dies bedeutet im Normalfall nicht, dass Sie umständlich artikulieren müssen, kann aber durchaus ab und an notwendig sein, wenn es darum geht, dass Kinder einzelne Wörter nicht richtig aussprechen können. Bitten Sie sie dann: „Schau auf meinen Mund", und sprechen Sie die Worte überdeutlich artikuliert aus.
- Sprechen Sie, wenn nötig, langsamer als sonst.
- Achten Sie darauf, dass das Kind Sie anguckt, wenn Sie mit ihm reden.

Tipp 49

Lernen mit Bewegung

Bewegtes Lernen fördert das Wahrnehmen und Behalten. Man spricht auch von mehrkanaligem Lernen, da nicht nur durch das Hören, sondern auch durch das Sehen, Fühlen und durch das aktive Tun, Lerninhalte kennengelernt und gespeichert werden.

Lernen mit Bewegung heißt z. B.:

- Sprechen Sie mit den Kindern Verse mit Bewegung.
- Singen Sie Lieder mit Bewegung (z. B. „Kopf, Schulter, Knie und Fuß").
- Spielen Sie Pantomime: Die Kinder stellen z. B. Tiere, Tätigkeiten (kochen, lesen, tanzen) usw. pantomimisch dar.
- „Verstecken" Sie vor den Augen der Kinder Dinge im Raum und bitten Sie einzelne Kinder dann, die Dinge wieder einzusammeln: „Ali, bitte hole mir den Dino. Er steht im Regal."

Ideen zum Lernen mit Bewegungen finden Sie auf den Folgeseiten **(S. 75/76)**.

Tipp 50

Emotionales Lernen

Lerninhalte, die mit Emotionen verbunden werden, werden einfacher aufgenommen und besser behalten. Emotionales Lernen können Sie dann erreichen:

- wenn Sie eine entspannte Atmosphäre schaffen (z. B. ein Bilderbuch in der Kuschelecke bei Kerzenschein vorlesen)
- wenn Sie spielerisch Neues lernen (z. B. Wortschatztraining mit Memo-Karten)
- wenn Sie Spannung aufbauen (z. B. Fühlsäcke einsetzen, wenn Sie bestimmte Themen behandeln)
- wenn Sie Lerninhalte durch Lieder vermitteln
- wenn Sie eine Stimmung schaffen, bei der viel gelacht wird

Lernen mit Bewegung – Spielideen (1/2)

Körperteile-Fangen

Mit dem Spiel „Körperteile-Fangen" können die Kinder ihren Wortschatz zum Thema spielerisch und in Bewegung festigen. Das Spiel sollte in der Turnhalle, einem größeren Raum oder im Außengelände gespielt werden. Es ist für die Großgruppe oder eine Kleingruppe mit mindestens fünf Kindern bestimmt. Als zusätzliches Material ist ein Instrument wie eine Trommel, eine Triangel oder eine Pfeife sinnvoll, es kann aber auch durch Stimmeinsatz ersetzt werden.

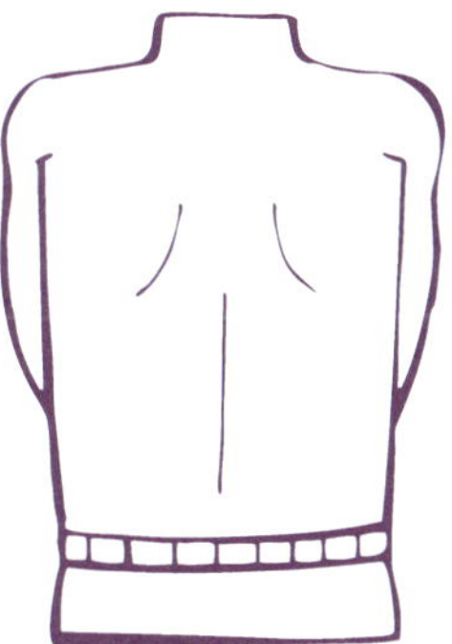

Ablauf des Spiels

1. Nennen Sie einen Körperteil. Jedes Kind berührt diesen Körperteil bei sich.
2. Bestimmen Sie einen oder mehrere Fänger.
3. Benennen Sie für die erste Runde einen Körperteil, „z. B. Rücken". Geben Sie durch „Los" oder ein akustisches Zeichen (z. B. Anschlagen einer Trommel) das Zeichen zum Spielbeginn.
4. Die Kinder rennen durch die Turnhalle. Der Fänger fängt die Kinder, indem er das jeweilige Körperteil (z. B. Rücken) SANFT berührt und es dazu laut benennt. Wer gefangen wurde, versteinert. Andere Kinder können die gefangenen Kinder befreien, indem sie ihnen SANFT über den jeweiligen Körperteil streichen und diesen dabei benennen.
5. Beenden Sie die Spielrunde nach ein bis zwei Minuten durch ein akustisches Signal, indem Sie „Stopp" rufen oder wenn alle Kinder gefangen wurden. Alle Kinder kommen zusammen. Sie bestimmen einen bzw. mehrere neue Fänger und nennen den nächsten Körperteil, der vom Fänger berührt werden muss.
   Sollten die Kinder sehr geringe Deutschkenntnisse besitzen, kann es sinnvoll sein, den jeweiligen Körperteil, der berührt werden soll, mit einem Band zu kennzeichnen, denn die Fänger müssen schließlich wissen, wo sie hinfassen müssen, um jemanden zu fangen.
   Wenn es zu wuselig wird, können die Kinder auch auf allen vieren durch den Raum krabbeln und sich, wenn sie gefangen wurden, wie Igel zusammenrollen.

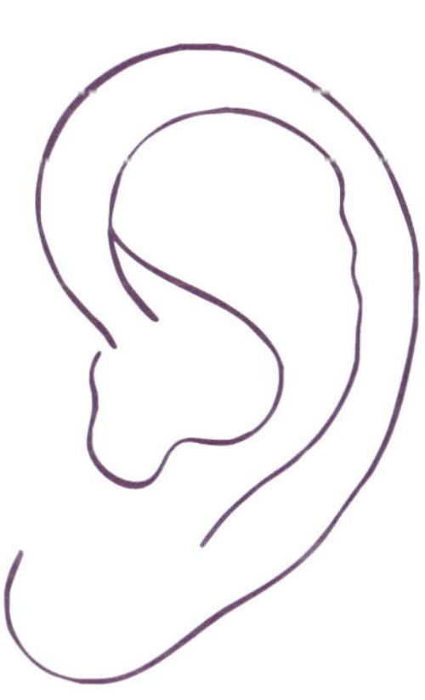

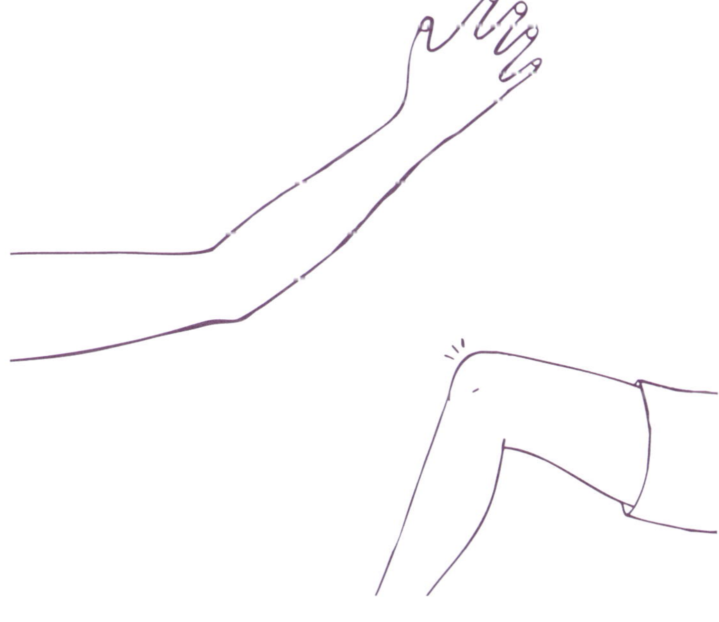

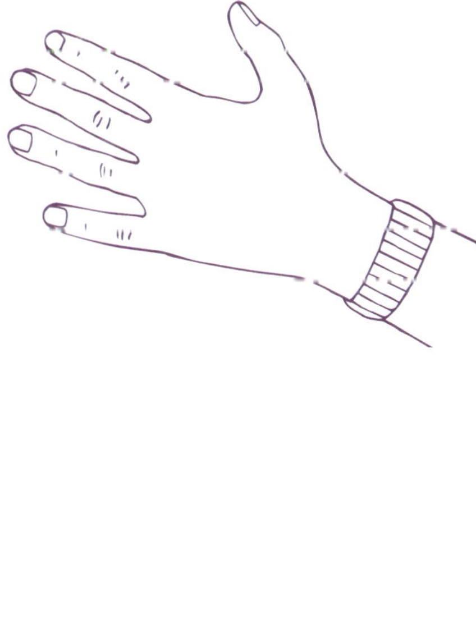

Illustrationen: Anja Boretzki

Lernen mit Bewegung – Spielideen (2/2)

Bewegungen weitergeben

Bei diesem Spiel können Kinder ihren Wortschatz zum Thema „Bewegungsverben“ erweitern. Das Spiel kann ebenso mit der ganzen Kita-Gruppe wie auch in einer kleinen Sprachfördergruppe gespielt werden. Es sollten mindestens vier Spieler mitspielen. Es sind keine Materialien nötig.

Ablauf des Spiels

1. Bilden Sie mit den Kindern einen Steh- oder Sitzkreis.
2. Wenden Sie sich Ihrem linken Nachbarn zu, nennen Sie ihm ein Bewegungsverb (z. B. rufen) und machen Sie eine passende Bewegung dazu (z. B. Hände wie einen Trichter vor den Mund halten). Ihr linker Nachbar wendet sich seinem linken Nachbarn zu, nennt das Wort und gibt die Bewegung und das Wort weiter. Dies kann in der ersten Runde so lange gehen, bis die Bewegung und das Wort wieder bei Ihnen angekommen sind.
3. Haben die Kinder das Prinzip verstanden, können Sie, wenn Sie in einer Großgruppe spielen, in kurzer Abfolge mehrere Bewegungen nacheinander herumschicken. Dies sollte aber nur erfolgen, wenn die Kinder dazu imstande sind, sich nicht von den verschiedenen Bewegungen, die im Kreis herumgehen, ablenken zu lassen.
4. Rufen Sie dann, wenn mehrere Bewegungen im Kreis sind, „Stopp“, sprechen Sie einzelne Kinder an und fragen Sie diese: „Esma, was machst du gerade?“. Das Kind antwortet: „Ich rufe“ und führt die entsprechende Bewegung aus.

Beispiele für Bewegungsverben:
gähnen, laufen, winken, husten, schnarchen, weinen, den Kopf schütteln, lesen, Gitarre spielen, Flöte spielen, die Haare kämmen, pfeifen, Fenster putzen (mit einem imaginären Lappen ein Fenster putzen), Rad fahren, Hände waschen …

Illustration: Anja Boretzki

Tipp 51

Wiederholungen

In der Lernpsychologie spricht man von Wiederholungsschleifen, die dazu führen, dass Wissen dauerhaft gespeichert wird. Hier werden genaue Intervalle angegeben, zu denen man z. B. Vokabeln wiederholen soll, damit sie langfristig abrufbar sind.
Für die Sprachförderung in der Kita genügt es, zu wissen, dass Sie Inhalte zunächst in kürzeren Abständen wiederholen und diese dann vergrößern.
Wenn Sie einen Inhalt (z. B. den Wortschatz zum Thema „Kleidung") neu einführen, sollten Sie ihn in etwa in folgenden Wiederholungsschleifen anbieten:

- zu Beginn einer Sprachförderstunde
- am Ende derselben Sprachförderstunde
- am nächsten Tag
- am übernächsten Tag
- nach einer Woche
- nach einem Monat
- nach einem halben Jahr

Dies sind ca.-Angaben und müssen natürlich von Ihnen an Ihre jeweilige Situation angepasst werden. Wichtig ist, in jedem Fall darauf zu achten, dass es keinen Sinn macht, einen Inhalt am Zeitpunkt X vermehrt zu behandeln und dann nie wieder. So bleibt das Gelernte lediglich im Kurzzeitgedächtnis haften und hat keine Chance, ins Langzeitgedächtnis zu gelangen.

Tipp 52

Zeit geben und Geduld haben

Wenn Kinder Deutsch lernen, spielen viele Emotionen mit, die nicht auf den ersten Blick zu erkennen sind. Manche Kinder tun sich extrem leicht, sind begierig, die neue Sprache zu lernen, um sich mit den anderen Kindern und den Erzieherinnen auszutauschen und am Kita-Alltag ohne Verständigungsprobleme teilnehmen zu können.
Bei anderen Kindern werden Sie beobachten, dass sie mehr Zeit benötigen, um die deutschen Worte zu verstehen, sich zu merken und vor allem, um sie zu sprechen. Der Unterschied zwischen aktivem Wortschatz (dazu gehören alle Wörter, die jemand gebraucht, wenn er spricht) und passivem Wortschatz (dazu gehören diejenigen Wörter, die jemand kennt, aber nicht gebraucht) kann dabei hoch sein. Das heißt konkret: Sie werden Kindern begegnen, die zwar ganz gut verstehen, was Sie zu ihnen sagen und auch Ihren Anweisungen folgen können, die von sich aus aber nicht sprechen.
Lassen Sie diesen Kindern Zeit und drängen Sie sie nicht zum Sprechen. Sie wissen nicht, welche Bedeutung der Zweitspracherwerb für das jeweilige Kind hat. Manche Kinder haben unter Umständen das Gefühl, die eigene (nicht deutsche) Identität aufzugeben, wenn sie nun vermehrt deutsch sprechen. Dies kann Angst machen und am Sprechen hindern. Merken die Kinder, dass ihnen Verständnis und Geduld entgegengebracht werden, ist die Sprachförderung keine Stresssituation, sondern kann – mit all ihren spielerischen Momenten – als lustig und entspannend empfunden werden. Dies führt dazu, dass die Kinder innerlich locker werden und irgendwann von selbst beginnen, die deutschen Wörter aus dem passiven Wortschatz in den aktiven zu schieben und mit dem Sprechen zu beginnen.

Tipp 53

Learning by doing

Laut Aussagen der Lernpsychologie werden nur Bruchteile der Inhalte behalten, die gelesen und gesehen werden. Das meiste behalten wir, wenn wir es im Tun erlernen.

Dies gilt natürlich auch für die Sprachförderung. Wenn sich die Gelegenheit bietet, einen Lerninhalt durch gemeinsames Tun zu erlernen, sollten Sie dieser Möglichkeit den Vorrang bieten. So macht es beispielsweise viel mehr Sinn, mit den Kindern in der Turnhalle Sport zu treiben und beim Aufbauen der Geräte die Bezeichnungen für „Kasten“, „Bank“, „Sprossenwand“ usw. zu lernen, als dies mit einem Memo-Spiel – quasi auf Umwegen – beizubringen.

Das Prinzip „Learning by doing“ können Sie z. B. in folgenden Situationen anwenden:

- Beteiligen Sie die Kinder beim Einräumen der Küchenutensilien und des Geschirrs nach dem Essen und begleiten Sie dies sprachlich mit den Wörtern der jeweiligen Dinge, die Sie einräumen.
- Machen Sie Spaziergänge und sammeln Sie je nach Jahreszeit Blumen, Kastanien etc.
- Gehen Sie mit einzelnen Kindern einkaufen (z. B. für den Frühstückstag) und erklären Sie den Kindern, wie die Straßen, die sie entlanggehen, heißen, wie man einkauft, an welchen Stellen im Supermarkt welche Lebensmittel zu finden sind usw.

Zählen

Zahlen umgeben uns überall, sei es in Form von Haus- und Telefonnummern, als Preise auf Lebensmitteln und anderen Waren, die wir einkaufen, oder als Bezeichnung des Fernsehsenders, den man gucken möchte. Zahlen kennen und zählen können ist eine wichtige Fähigkeit, die bereits kleine Kinder in bestimmten Grenzen erreichen können.

Um täglich in der Kita (ganz nebenbei) das Zählen zu lernen, gibt es vielfältige Möglichkeiten:

Lassen Sie im Morgenkreis ein Kind alle Kinder zählen:

- die anwesend sind
- die blonde/braune/schwarze Haare haben
- die eine Jeans tragen

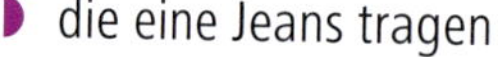

- die Mädchen/Jungen sind
- Beteiligen Sie die Kinder beim Tischdecken und lassen Sie sie Teller, Besteck und Gläser abzählen.
- Starten Sie eine Mini-Inventur in der Kita und lassen Sie die Kinder die einzelnen Spielzeuggruppen (Puppen, Autos, Bücher etc.) zählen. Notieren Sie die jeweilige Anzahl und führen Sie nach ein paar Wochen eine neue Inventur durch, um zu gucken, ob noch alles da ist.

Tipp 55

Wimmelbücher und Wimmelwand

Wimmelbücher bilden eine hervorragende Möglichkeit, um einen eingeführten Wortschatz zu festigen. Durch gemeinsames Ansehen, Darübersprechen und Spiele wie „Ich sehe was, was du nicht siehst" kann der Wortschatz immer wieder umgewälzt und geübt werden.

Eine Wimmelwand gibt den Kindern darüber hinaus vielfache Anregungen, die sie auch außerhalb der Sprachförderungszeit nutzen können. Auf der Wimmelwand können entweder einzelne Bilder zu einem bestimmten Wortschatz abgebildet werden oder ein einziges großes Bild. Um eine Wimmelwand zu erstellen, können Sie beispielsweise Bildwörterbücher, die es manchmal billig zu kaufen gibt, vorsichtig auseinandernehmen und die einzelnen Seiten als Fries oder Wandbild nebeneinanderhängen. Hängen Sie die Seiten aus dem Bildwörterbuch laminiert in die Nähe des Raumes, zu dem sie inhaltlich gehören, können Kinder, die noch über wenig Deutschkenntnisse verfügen, die Bilder auch zur Kommunikation mit Ihnen nutzen, wenn sie einen Gegenstand haben möchten, aber den deutschen Begriff dafür nicht kennen. Sie zeigen dann einfach auf das Bild.

Literatur-Empfehlungen:

- Anne Suess (2014): Mein Wimmelhaus: Mit Konturenstanzung, Guckfenstern und Türchen. Schwager & Steinlein Verlag.
- Caryad (2013): Mein liebstes Wimmelbuch Tiere. F.X. Schmid Verlag.
- Guido Wandrey (2015): Mein kleines Wimmelbuch: Im Kindergarten. Thienemann-Esslinger Verlag.
- Ali Mitgutsch (2015): Mein schönstes Wimmelbuch. Ravensburger Buchverlag.

Tipp 56

Themenkiste

In einer Themenkiste können Sie zu einem Themenbereich gehörende Gegenstände sammeln, die Sie dann, wenn Sie das Thema behandeln wollen, schnell und unkompliziert herausnehmen können. Kleine Schuhkartons können beschriftet und in Regalen gesammelt werden.

Einige Beispiele für die Inhalte solcher Themenkisten:

- Thema „Kleidung": Puppenkleidung und/oder reale Kleidungsstücke wie Unterhose, Strumpfhose/Strümpfe, Kleid, Hose, T-Shirt, Mütze, Schal …
- Thema „Haushaltsgegenstände": Puppengeschirr und/oder reales Geschirr wie Teller, Tasse, Messer, Gabel, Löffel, Topf, Kanne, Topflappen …
- Thema „Tiere": kleine Plastiktiere wie Löwe, Tiger, Elefant, Zebra, Katze, Hund, Maus, Käfer …
- Thema „Lebensmittel": Lebensmittel aus Plastik oder aus Salzteig selbst hergestellt, wie verschiedene Obst- und Gemüsesorten, Brot, dazu Mini-Verpackungen aus dem Kaufmannsladen, z. B. für Milch, Saft, Kartoffelbrei …

In denselben Kisten oder extra Spielekisten können Sie laminierte Memokarten, kleine Sachbücher, Malbilder etc., die zum jeweiligen Thema passen, aufbewahren.

Themenbücher

Tipp 57

Erstellen Sie mit den Kindern gemeinsam Themenbücher. Basteln Sie kleine Büchlein (ca. DIN-A5-Größe) und malen und kleben Sie dort Abbildungen (aus Zeitschriften, aus dem Internet), die zum jeweiligen Thema passen, ein. Möchten Sie die Themenbücher mit nach Hause geben, kann es sinnvoll sein, wenn Sie die deutschen Bezeichnungen darunterschreiben. So können ältere Geschwister und Eltern den Kindern die deutschen Begriffe bei Bedarf immer wieder vorlesen.

Als Themen bieten sich z. B. an:

- Tiere (mit gemalten Abbildungen oder Bildern aus dem Internet)
- Möbel (mit Bildern, die aus Prospekten ausgeschnitten werden)
- Lebensmittel (mit Bildern, die aus Prospekten ausgeschnitten werden)

Wortschatzspiele mit Memos

Tipp 58

Wie in **Tipp 53** „Learning by doing" erwähnt, ist ein „echtes" Lernen in der Realsituation jedem „aufgesetzten" Lernen vorzuziehen. Ergänzend können Memos oder Lottos aber sehr gut eingesetzt werden, um auf spielerische Weise einen Wortschatz kennenzulernen und einzuprägen. Hinzu kommen Themen wie „Tiere", bei denen es nicht machbar ist, sie in der Realsituation kennenzulernen. Ein Zoobesuch kann sich anschließen, wird aber nicht alleine ausreichen, damit die Kinder die Begriffe „Tiger", „Elefant", „Löwe" im passiven und aktiven Wortschatz speichern können.
Im Handel gibt es etliche Memos und Lottos zu verschiedenen Themen (z. B. Tiere) zu kaufen. In vielen Sprachförderbüchern werden außerdem Memokarten als Kopiervorlagen zu weiteren Themen (z. B. Kleidung, Schulmaterialien wie Buch, Stift etc.) angeboten. Möchten Sie ein Thema behandeln, zu dem Sie keine fertigen Karten finden, bietet es sich an, selbst welche zu erstellen. Sie können dazu eigene Fotos, Grafiken aus dem Internet, selbst gemalte Bilder usw. nutzen, diese in der entsprechenden Größe auf Karten drucken und sie laminieren.

Neben den üblichen Memoregeln können Sie auch Spielvarianten einsetzen, z. B.:

- Ordnen Sie die Memokarten, sodass Sie zwei identische Stapel haben. Verteilen Sie die eine Hälfte an alle Mitspieler. Diese legen die Karten offen auf den Tisch vor sich hin. Ziehen Sie der Reihe nach die Karten vom anderen Stapel. Erklären Sie, was auf der gezogenen Karte zu sehen ist, und fragen Sie nach, wer die passende Karte vor sich liegen hat („Ich habe den Hund gezogen. Wer hat den Hund?"). Paare werden zur Seite gelegt. Gewonnen hat derjenige, der zuerst keine Karten mehr hat.
- Geben Sie jedem Kind eine Karte in die Hand. Die Kinder gehen durch den Raum. Treffen Sie ein anderes Kind, zeigen Sie ihm die eigene Karte und fragen: „Was ist das?". Das Kind beantwortet die Frage, zeigt seine eigene Karte und fragt, was abgebildet ist. Abschließend tauschen die Kinder die Karten und gehen zum nächsten Kind.

Aufräumspiel

Tipp 59

Beim Aufräumspiel wird automatisch der Wortschatz zu einem bestimmten Themenfeld gelernt. Das Aufräumspiel lässt sich in unterschiedlichen Varianten spielen:

- Bringen Sie verschiedene Gegenstände in einem Beutel mit. Greifen Sie in den Beutel hinein, wählen Sie einen Gegenstand aus und legen Sie ihn vor sich hin. Beschreiben und benennen Sie ihn („Der Gegenstand ist hart und rot. Es ist ein Legostein"). Räumen Sie den Legostein auf („Der Legostein gehört in die Lego-Ecke").
- Bringen Sie verschiedene Gegenstände mit, die zu unterschiedlichen Räumen/Ecken gehören (z. B. Besteck und Becher aus der Küche, Puppe und Puppenkleid aus der Puppenecke etc.). Nacheinander zieht jeder einen Gegenstand aus dem Beutel und benennt ihn. Zusammengehörende Gegenstände werden auf einen gemeinsamen Haufen sortiert. Anschließend wird aufgeräumt.

Tipp 60

Flaschendrehen

Setzen Sie sich mit den Kindern in einen Kreis auf dem Boden. Beginnen Sie, indem Sie eine Aussage tätigen oder eine Frage stellen. Drehen Sie die Flasche. Das Kind, auf das die Flasche mit der Öffnung zeigt, wenn sie stehen bleibt, führt eine vorgegebene Handlung aus oder antwortet auf Ihre Frage. Anschließend tätigt es eine Aussage oder stellt eine Frage und dreht die Flasche erneut.

Das Spiel „Flaschendrehen" eignet sich hervorragend, um verschiedene Sprachförderinhalte zu üben:

- Wortschatz „Tiere": Drehen Sie die Flasche und sagen Sie dabei „Ich verzaubere dich in einen Löwen". Das Kind, auf das die Flasche zeigt, imitiert einen Löwen und geht auf allen vieren um den Kreis.
- Legen Sie verschiedene Gegenstände in den Kreis (nicht in die Kreismitte, weil da die Flasche liegt), die zu einem Themenbereich gehören (z. B. Küchenutensilien, Spielsachen, Kleidung). Nehmen Sie einen Gegenstand, benennen Sie diesen („Das ist ein Löffel") und legen Sie ihn vor sich. Drehen Sie die Flasche. Das Kind, auf das die Flasche zeigt, nimmt sich ebenfalls einen Gegenstand. Dies geht so lange, bis alle Gegenstände zugeteilt sind. Dann drehen Sie erneut. Das Kind, bei dem die Flasche stehen bleibt, darf mit Ihnen einen Gegenstand tauschen („Ich möchte deinen Löffel. Du bekommst dafür meinen Becher").

Tipp 61

Kostenlose Ausmalbilder

Im Internet werden eine Vielzahl von Ausmalbildern und Illustrationen mit deutschen Begriffen kostenlos zum Download angeboten. Eine Initiative von Illustratoren hat sich zum Ziel gesetzt, Erzieherinnen, Eltern und allen anderen, die mit Flüchtlingen arbeiten, aber nicht selbst zeichnen können oder wollen, Hilfe in Form von Bildern zu geben, um die Spracharbeit mit den Flüchtlingskindern zu erleichtern. In verschiedenen Kategorien werden jeweils mehrere Vorlagen angeboten, so z. B. zu den Themenbereichen „Gesundheit", „Deutschland", „ABC und 1,2,3", „Berufe", „Freizeit", „In der Stadt", „Leben und Wohnen" und vieles mehr. Die Illustrationen können zum Ausmalen und als Gesprächsanlass in der Sprachförderung mit den Kindern, aber genauso gut als Übersetzungshilfe für die Arbeit mit den Eltern herangezogen werden.

Die Materialien finden Sie unter:
www.illustratorenfuerfluechtlinge.de
(letzter Zugriff: 27.02.17)

Internet-Empfehlung:
Die Cartoon-Helden, die die Kinder aus dem Fernsehen kennen, finden Sie als Ausmalbilder u. a. auf den Internetseiten von Kika, Kikaninchen oder der Sendung mit der Maus. Auch sie bieten schöne Gesprächsanlässe.

Gefühlebarometer

Abstrakte Begriffe wie Gefühle sind schwer mit Worten zu vermitteln. Aber gerade Kinder brauchen die Möglichkeit, ihre Gefühle anderen gegenüber ausdrücken zu können.
Möchten Sie das Gefühlebarometer in Ihrer Kita einsetzen, kopieren Sie die Vorlage „Gefühlebarometer" **(S. 83)** möglichst groß, laminieren Sie sie und hängen Sie sie im Gruppenraum auf. Zusätzlich sollten Sie von jedem Kind ein kleines laminiertes Porträtfoto bereithalten, das Sie an das Ende einer Holzwäscheklammer kleben. Auch von den Erzieherinnen können Sie natürlich Fotos auf Wäscheklammern bereitstellen.
Das Gefühlebarometer kann zu Beginn des Kita-Tages, z. B. im Morgenkreis, eingesetzt werden. Jedes Kind erhält dazu seine Wäscheklammer und darf, wenn es dran ist, zum Gefühlebarometer gehen und seine Wäscheklammer links oder rechts an die Stelle platzieren, die seinen Gefühlszustand ausdrückt. Als sprachliche Übung sollten die Kinder auch sagen können, wie es ihnen geht, z. B.: „Mir geht es gut."/„Ich bin traurig."/ „Ich bin fröhlich."
Das Gefühlebarometer kann auch während des Kita-Tages genutzt werden, um mit den Kindern ins Gespräch zu kommen. Kinder, die über wenig Deutschkenntnisse verfügen, können mit Ihnen zum Gefühlebarometer gehen und ihre Wäscheklammer versetzen, um z. B. anzuzeigen, dass sie nun nicht mehr fröhlich sind, sondern ärgerlich o. Ä.

Gefühlebarometer

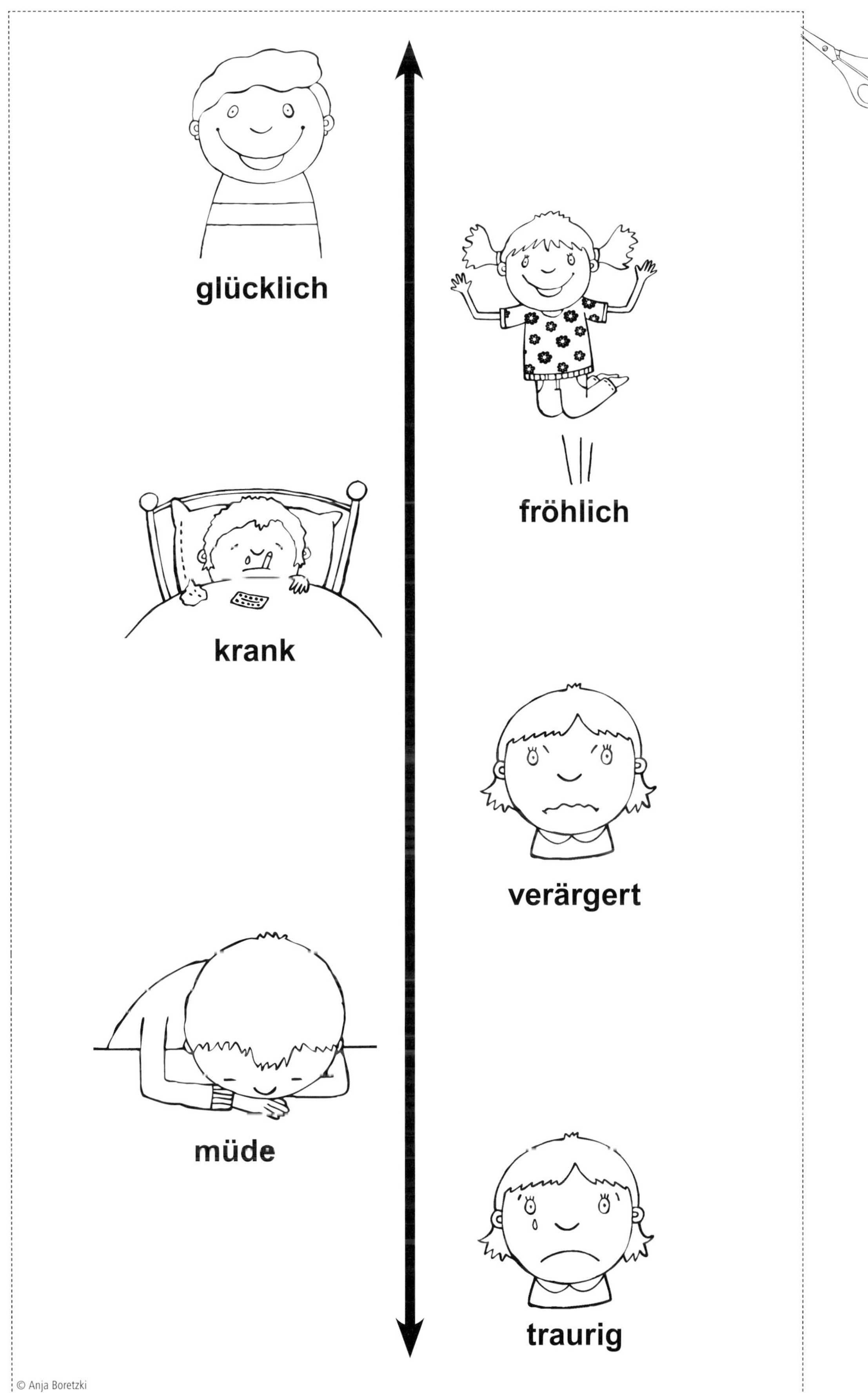

Internet-Empfehlungen und Bundesländer-Infos

Auf den folgenden Seiten möchte ich Ihnen weitere Adressen und Hinweise geben, wo Sie noch mehr Informationen, praktische Hilfen und Materialien bekommen können, die Ihre Arbeit mit den Kindern und Eltern aus Migranten- und Flüchtlingsfamilien erleichtern soll. Vielfach finden Sie auf den angegebenen Seiten Links zu weiteren Seiten, sodass Sie sich hier ein umfangreiches Materialpaket erarbeiten können, das sich individuell und langfristig nutzen lässt.

Die Evangelische Kirche Deutschland (ekd) gibt auf ihrer Homepage www.ekd.de vielfache Informationen und Anregungen zum Thema „Flüchtlinge" in der Rubrik „Flucht und Integration".

Der deutsche Bildungsserver bietet vielfältige Auskünfte zum Thema „Flüchtlingskinder in Kitas" an, mit allgemeinen und bundesländerspezifischen Informationen sowie mehrsprachigen Materialien für Eltern.
Link: www.bildungsserver.de/Fluechtlingskinder-in-Kitas-11436.html (letzter Zugriff: 25.04.17)

Das fünfzigseitige Refugees-Phrasebook bietet wichtige Phrasen zur Verständigung zwischen Erzieherinnen und Flüchtlingen an. Die Phrasen sind in einer Tabelle festgehalten, die die Sprachen Deutsch, Englisch, Bangla, Urdu, Dari und Arabisch nebeneinander auflistet.
Link: www.refugeephrasebook.de/pdf/germany150920.pdf (letzter Zugriff: 25.04.17)

Das Bundesamt für Migration und Flüchtlinge (BAMF) bietet auf seiner Internetseite zahlreiche Informationen und Publikationen zum Thema „Flucht und Migration" allgemein und auch im Hinblick auf Kitas.
Link: www.bamf.de (letzter Zugriff: 25.04.17)

In jedem Bundesland gibt es einen eigenen Landesflüchtlingsrat. Dies ist ein Zusammenschluss mehrerer Verbände, die sich für Flüchtlinge engagieren.
Die Adresse für Ihr Bundesland können Sie der allgemeinen Internetseite entnehmen.
Link: www.fluechtlingsrat.de (letzter Zugriff: 25.04.17)

Allgemeine und kostenlose Informationen der einzelnen Bundesländer

Bayern

Bayerisches Staatsministerium für Arbeit und Soziales, Familie und Integration (Hrsg.) (2015): Asylbewerberkinder und ihre Familien in Kindertageseinrichtungen.
Informationen für Kindertageseinrichtungen in Bayern.

Baden-Württemberg

Staatsministerium Baden-Württemberg (Hrsg.) (2015):
Willkommen! Ein Handbuch für die ehrenamtliche Flüchtlingshilfe in Baden-Württemberg. 3.Aufl.

Berlin

Internetportal mit Informationen zum Thema „Flüchtlinge“, für Flüchtlinge und Menschen, die helfen möchten.
Link: www.berlin.de/fluechtlinge (letzter Zugriff: 25.04.17)

Brandenburg

Informationen zum Bereich Kita und Bildung für mehrsprachige Kinder und Eltern. Diese finden Sie auf der Homepage des Ministeriums für Bildung, Jugend und Sport (MBJS) des Landes Brandenburg unter der Rubrik „Kinder und Jugend/Kindertagesbetreuung“.

Bremen

Internetportal mit einer Übersicht über Projekte und Aktionen für Flüchtlinge in Bremen, zu finden auf www.bremen.de unter der Rubrik „Leben/Flüchtlingshilfe“.

Initiative „Gemeinsam in Bremen“: Hier wird auf gegenseitige Hilfe gesetzt.
Es werden Menschen gesucht, die einander helfen wollen. Das Motto dabei lautet:
„BremerInnen helfen Flüchtlingen und Flüchtlinge helfen BremerInnen“.
Link: www.gemeinsam-in-bremen.de (letzter Zugriff: 25.04.17)

Hamburg

Internetportal mit Grundlageninformationen über Angebote und Leistungen für Asylbewerber in Hamburg
Link: www.hamburg.de/fluechtlinge-betreuung-beratung/ (letzter Zugriff: 25.04.17)

Hessen

Internetportal mit Informationen rund um das Thema „Flüchtlinge in Hessen“
Link: www.fluechtlinge.hessen.de (letzter Zugriff: 25.04.17)

Mecklenburg-Vorpommern

Die Landeszentrale für politische Bildung Mecklenburg-Vorpommern (www.lpb-mv.de) bietet unter der Rubrik „Publikationen“ verschiedenste kostenfreie u. -pflichtige Materialien (teilweise mehrsprachig) zum Thema „Asyl und Flucht“.

Niedersachsen

Niedersächsisches Institut für frühkindliche Bildung und Entwicklung (nifbe): Fachbeiträge, Links, Downloads, Liste mit Anlaufstellen, Veranstaltungsübersicht mit dem Themenschwerpunkt „Flüchtlinge“
Link: www.nifbe.de/191-nifbe/867-themenschwerpunkt-fluechtlinge (letzter Zugriff: 25.04.17)

Netzwerk für traumatisierte Flüchtlinge Niedersachsen mit Informationsmaterial, Adressen und Info-Telefon für Kitas.
Link: www.ntfn.de (letzter Zugriff: 25.04.17)

Nordrhein-Westfalen

Informationen der Landesregierung für Eltern und Fachkräfte in der Kindertagesbetreuung. Hier finden Sie auch Kurzbroschüren in verschiedenen Sprachen.
Link: www.kita.nrw.de (letzter Zugriff: 25.04.17)

Rheinland-Pfalz

Kita-Server Rheinland-Pfalz (www.kita.rep.de) mit Informationen und Praxismaterialien für die Kita unter der Rubrik „Themen/Kinder mit Fluchterfahrung".

Saarland

Internetportal mit Informationen, Publikationen, Pressemeldungen etc. zum Thema „Flüchtlinge im Saarland".
Link: www.saarland.de/integration.htm (letzter Zugriff: 25.04.17)

Sachsen

Kita-Bildungsserver Sachsen mit Informationen, Artikeln, Fortbildungsangeboten etc. zum Thema „Flucht und Migration".
Link: www.kita-bildungsserver.de/flucht-und-migration (letzter Zugriff: 25.04.17)

Sachsen-Anhalt

Internetportal des Flüchtlingsrates Sachsen-Anhalt mit Informationen rund um das Thema „Flüchtlinge in Sachsen-Anhalt".
Link: www.fluechtlingsrat-lsa.de (letzter Zugriff: 25.04.17)

Schleswig-Holstein

Internetportal des Landes Schleswig-Holstein mit Informationen zum Herunterladen (auch in verschiedenen Sprachen) unter www.schleswig-holstein.de in der Rubrik „Service/Publikationen/Broschüren".

Thüringen

Thüringer Ministerium für Bildung, Jugend und Sport (Hrsg.) (2015): Handreichung des Thüringer Ministeriums für Bildung, Jugend und Sport. Kinder aus Flüchtlingsfamilien in Kindertageseinrichtungen.

Medientipps

Abdel Fattah, Volker:
Flüchtlingskinder in der Kita: Praxishandbuch zur Aufnahme und Betreuung von Kindern mit Flucht- und Migrationshintergrund
Carl Link, 2016.
ISBN 978-3-5560-7044-4

Hendrich, Andrea:
Kinder mit Migrations- und Fluchterfahrung in der Kita
Ernst Reinhardt Verlag, 2016.
ISBN 978-3-4970-2638-8

Hofbauer, Christiane:
Kinder mit Fluchterfahrung in der Kita: Leitfaden für die pädagogische Praxis
Herder Verlag, 2016.
ISBN 978-3-4513-4934-8

Hüsler, Silvia:
Kinderverse in über 50 Sprachen. Mit Originaltexten, Aussprachehilfen, Übersetzungen und CD
Lambertus Verlag, 2017. 3. Auflage.
ISBN 978-3-7841-2884-9

Liebe Eltern, denkt an …
Verlag an der Ruhr, 2017.
ISBN 978-3-8346-3614-0

Raker, Katarina:
Was siehst du da? Wimmelbilder für die Sprachförderung in der Kita
Verlag an der Ruhr, 2015.
ISBN 978-3-8346-2680-6

Signalkarten für den Kindergarten
Verlag an der Ruhr, 2014.
ISBN 978-3-8346-2545-8

Signalkarten für die Krippe
Verlag an der Ruhr, 2014.
ISBN 978-3-8346-2544-1

Wilkening, Nina:
66 tolle Spiele zum Deutschlernen in der Kita
Verlag an der Ruhr, 2017.
ISBN 978-3-8346-3603-4

Fußnoten

[1] Aus Gründen der besseren Lesbarkeit haben wir in diesem Buch durchgehend die weibliche Form verwendet. Natürlich sind damit auch immer Männer gemeint, also Erzieher, Pädagogen und Fachanleiter etc.

[2] Diese Informationen sind auf dem Stand von Februar 2017. Die Gesetzeslage aktualisiert und ändert sich momentan. Änderungen vorbehalten.

[3] Vgl. mediendienst-integration.de/migration.html (letzter Zugriff: 16.03.2017).

[4] Vgl. mediendienst-integration.de/integration/bildung.html (letzter Zugriff: 16.03.2017).

[5] Vgl. Thomas Straubhaar (2016): Warum so viele Türken in Deutschland scheitern. In: www.welt.de.
Link: www.welt.de/wirtschaft/article155700942/Warum-so-viele-Tuerken-in-Deutschland-scheitern.html (letzter Zugriff: 16.03.2017).

[6] Vgl. Gabriele Trost; Malte Linde (2016): Gastarbeiter. In: www.planet-wissen.de.
Link: www.planet-wissen.de/geschichte/deutsche_geschichte/geschichte_der_gastarbeiter/ (letzter Zugriff: 17.03.17).

[7] Vgl. Thomas Straubhaar (2016): Warum so viele Türken in Deutschland scheitern. In: www.welt.de.
Link: www.welt.de/wirtschaft/article155700942/Warum-so-viele-Tuerken-in-Deutschland-scheitern.html (letzter Zugriff: 16.03.2017).

[8] Vgl. mediendienst-integration.de/ (letzter Zugriff: 16.03.2017), §23 SGB XII sowie §7 SGB II.

[9] Vgl. https://www.uno-fluechtlingshilfe.de/fluechtlinge/zahlen-fakten/
sowie http://www.bamf.de/DE/Fluechtlingsschutz/AblaufAsylv/Erstverteilung/erstverteilung-node.html (letzter Zugriff jeweils am 20.07.2018).

[10] Vgl. https://www.bamf.de/SharedDocs/Anlagen/DE/Publikationen/Broschueren/bundesamt-in-zahlen-2017-asyl.pdf?__blob=publicationFile
sowie https://www.tagesschau.de/inland/asylsuchende-statistik-101.html (letzter Zugriff jeweils am 20.07.2018).

[11] Vgl. www.kita.nrw.de/eltern/integration-von-kindern-mit-fluchterfahrung (letzter Zugriff: 22.2.17).

[12] Vgl. https://sprachkreis-deutsch.ch/2012/05/14/die-meistgesprochenen-sprachen-der-welt/ (letzter Zugriff: 22.2.17).

[13] Vgl. Monika Jelen (2011): Sprachbeschreibung Polnisch. Universität Duisburg Essen.
Link: www.uni-due.de/imperia/md/content/prodaz/sprachbeschreibung_polnisch.pdf (letzter Zugriff: 17.03.17).

[14] Vgl. www.sprachvermittler.com/Sprachen/Russisch/russisch.html (letzter Zugriff: 17.03.17).

[15] Vgl. https://de.statista.com/statistik/daten/studie/19330/umfrage/gesamtbevoelkerung-in-russland/ (letzter Zugriff: 17.03.17).

[16] Vgl. www.sprachvermittler.com/Sprachen/Turkisch/turkisch.html (letzter Zugriff: 17.03.17).

[17] Vgl. https://de.statista.com/statistik/daten/studie/19318/umfrage/gesamtbevoelkerung-in-der-tuerkei/ (letzter Zugriff: 17.03.17).

[18] Vgl. Unicef (o. J.): Spiele rund um die Welt. Link: www.unicef.de/blob/10560/bc863992e19de55ce81c1d967e583791/spiele-rund-um-die-welt-2009-pdf-data.pdf (letzter Aufruf: 27.02.17).

[19] Vgl. ebd.

[20] Vgl. Wissenschaftsladen Bonn e.V. (Hrsg.) (o. J.): Spiele aus aller Welt. Link: www.globaleslernen.de/sites/default/files/files/research_material/50-spiele-aus-aller-welt_broschre.pdf (letzter Aufruf: 27.02.17).

[21] Vgl. Wissenschaftsladen Bonn e.V. (Hrsg.) (o. J.): Spiele aus aller Welt. Link: www.globaleslernen.de/sites/default/files/files/research_material/50-spiele-aus-aller-welt_broschre.pdf (letzter Aufruf: 27.02.17).

[22] Vgl. ebd.

[23] Vgl. http://web.archive.org/web/20061008140801/http://www.stud.uni-hamburg.de/users/ixtlan/sdw/spiele/alba1.htm (letzter Aufruf: 27.02.17).

[24] Beide Verse auf dieser Seite aus: Silvia Hüsler: Kinderverse in über 50 Sprachen. Mit Originaltexten, Aussprachehilfen, Übersetzungen und CD. 3. Aufl. 2017, Freiburg i. Br.: Lambertus-Verlag. S. 7; 10. Auf der beiliegenden CD zu diesem Buch sind alle Verse eingesprochen.

[25] Vgl. http://bpl.bc.ca/kids/embracing-diversity/songs-and-rhymes/dari (letzter Zugriff: 21.03.17). Hier können Sie sich anhören, wie der Reim ausgesprochen wird.

[26] Å/å wird wie ein offenes O ausgesprochen, so wie in „Woche".

[27] Der Zamzam-Brunnen befindet sich in der für Muslime heiligen Stadt Mekka.

[28] Vgl. https://allnurseryrhymes.com/two-little-dickie-birds/ (letzter Zugriff: 21.03.17).

[29] Vgl. http://pedagogie.ac-toulouse.fr/lotec/spip/em46/IMG/pdf/jeux_de_doigts_1.pdf (letzter Zugriff: 21.03.17).

[30] Vgl. www.mamalisa.com/?t=es&p=3960 (letzter Zugriff: 28.03.17).

[31] Aus: Silvia Hüsler: Kinderverse in über 50 Sprachen. Mit Originaltexten, Aussprachehilfen, Übersetzungen und CD. 3. Aufl. 2017, Freiburg i. Br.: Lambertus-Verlag. S. 72. Auf der beiliegenden CD zu diesem Buch sind alle Verse eingesprochen.